地铁工程联合调试

任泽春 严明燕 编著

中国建筑工业出版社

图书在版编目（CIP）数据

地铁工程联合调试/任泽春，严明燕编著．—北京：中国建筑工业出版社，2019.6
ISBN 978-7-112-23534-6

Ⅰ.①地… Ⅱ.①任…②严… Ⅲ.①地下铁道-轨道交通-调试方法 Ⅳ.①U231

中国版本图书馆CIP数据核字（2019）第056682号

责任编辑：张文胜
责任设计：李志立
责任校对：姜小莲

地铁工程联合调试
任泽春　严明燕　编著

中国建筑工业出版社出版、发行（北京海淀三里河路9号）
各地新华书店、建筑书店经销
天津安泰印刷有限公司印刷
*

开本：787×1092毫米　1/16　印张：9¼　字数：228千字
2019年6月第一版　2019年6月第一次印刷
定价：28.00元
ISBN 978-7-112-23534-6
(33821)

版权所有　翻印必究
如有印装质量问题，可寄本社退换
（邮政编码100037）

前　言

我国地铁建设事业高速发展，一些城市地铁交通网络已形成城市交通大动脉，不可替代，为城市居民出行提供了很大方便。

每年都有一些城市新的地铁线路开通，部分城市甚至一年同时开通多条线路，开通前的地铁工程联合调试意义重大。

地铁工程联合调试是地铁建设阶段一项关系地铁运营安全性、可靠性的重要工程。

地铁工程联合调试涉及专业系统多、技术要求高、信息互通及协调量大，调试时间节点紧，联合调试的开展与评判规范、标准还在完善中，需要通过联合调试实践，为行业联合调试规范、标准提供借鉴。

本书结合一些地铁工程联合调试情况，介绍地铁工程联合调试内容与组织、地铁综合监控系统联调、地铁车站消防设备系统联动、地铁供电系统联调、地铁门禁系统联调、地铁自动售检票系统联调、地铁站台门系统联调、地铁通信系统联调、地铁信号系统联调、地铁车辆系统联调、地铁工程联合调试实例及联调中常见部分问题等，为地铁公司联合调试组织人员、系统调试单位和人员、设备安装单位和人员、监理单位和人员、城市轨道交通工程人员培训及城市轨道交通联合调试工程教学，提供参考和资料。

本书还包括一条地铁线路联合调试的《综合联调报告》（部分内容），该综合联调报告充分突出联合调试过程和 ABC 问题分类及消缺统计，受到了试运营基本条件评审专家和地铁公司业主的一致好评，也为地铁工程顺利通过试运营基本条件专家评审提供了宝贵的评审依据，可供读者参考。

编写此书，得到了地铁公司、设计单位、施工单位、监理公司等单位和个人的大力支持和提供资料，不忘初心，共同一个目标是为我国地铁建设事业作出贡献。对此，向有关单位、个人表示衷心感谢！

由于个人水平有限，书中错误和不足之处在所难免，请提出宝贵意见。

目　　录

第一章　地铁工程联合调试内容与组织 ··· 1
　　第一节　地铁工程联合调试内容 ··· 1
　　第二节　地铁工程联合调试组织 ··· 4
　　第三节　地铁工程联合调试安全管理 ·· 17
第二章　地铁综合监控系统联调 ·· 21
　　第一节　地铁综合监控系统简介 ··· 21
　　第二节　地铁综合监控系统联调 ··· 24
　　第三节　地铁综合监控联调记录 ··· 29
　　第四节　地铁综合监控系统144小时连续性、可靠性测试 ············ 29
　　第五节　地铁综合监控联合调试中部分常见问题 ······················· 34
第三章　地铁车站消防设备系统联动 ··· 37
　　第一节　地铁车站消防设备系统简介 ······································ 37
　　第二节　地铁车站消防设备系统联动 ······································ 41
　　第三节　地铁消防设备系统联动记录 ······································ 46
　　第四节　地铁火灾自动报警系统144小时连续性、可靠性测试 ····· 47
　　第五节　地铁消防第三方检测 ·· 48
　　第六节　地铁消防验收资料准备 ··· 49
　　第七节　地铁车站消防设备系统联动中部分常见问题 ················ 49
第四章　地铁供电系统联调 ·· 51
　　第一节　地铁供电系统简介 ··· 51
　　第二节　地铁供电系统联调 ··· 52
　　第三节　地铁供电系统联调记录 ··· 54
　　第四节　地铁供电系统联合调试中部分常见问题 ······················· 55
第五章　地铁门禁系统联调 ·· 57
　　第一节　地铁门禁系统简介 ··· 57
　　第二节　地铁门禁系统联调 ··· 57
　　第三节　地铁门禁系统联调记录 ··· 58
　　第四节　地铁门禁系统联合调试中部分常见问题 ······················· 58
第六章　地铁自动售检票系统联调 ·· 59
　　第一节　地铁自动售检票系统简介 ··· 59
　　第二节　地铁自动售检票系统联调 ··· 59
　　第三节　地铁自动售检票系统调试记录 ··································· 60
　　第四节　地铁自动售检票系统144小时连续性、可靠性测试 ······· 62

|第五节　地铁自动售检票系统联合调试中部分常见问题 …… 62

第七章　地铁站台门系统联调 …… 64
　第一节　地铁站台门系统简介 …… 64
　第二节　地铁站台门联调 …… 65
　第三节　地铁站台门系统联调记录 …… 65
　第四节　地铁站台门系统 144 小时连续性、可靠性测试 …… 66
　第五节　地铁站台门系统联合调试中部分常见问题 …… 66

第八章　地铁通信系统联调 …… 68
　第一节　地铁通信系统简介 …… 68
　第二节　地铁通信系统联调 …… 69
　第三节　地铁通信系统联调记录 …… 73
　第四节　地铁通信系统 144 小时连续性测试 …… 74
　第五节　地铁通信系统联合调试中部分常见问题 …… 76

第九章　地铁信号系统联调 …… 78
　第一节　地铁信号系统简介 …… 78
　第二节　地铁信号系统联调 …… 79
　第三节　地铁信号系统联调记录 …… 84
　第四节　地铁信号系统 144 小时连续性、可靠性测试 …… 85
　第五节　地铁信号系统联合调试中部分常见问题 …… 88

第十章　地铁车辆系统联调 …… 89
　第一节　地铁车辆系统简介 …… 89
　第二节　地铁车辆系统联调 …… 89
　第三节　地铁车辆系统联调记录 …… 92
　第四节　地铁车辆系统联合调试中部分常见问题 …… 92

第十一章　地铁工程联合调试实例 …… 94
　第一节　地铁工程联合调试监理实施细则实例 …… 94
　第二节　地铁工程联合调试报告实例 …… 98
　第三节　地铁工程联合调试后续探讨 …… 136

附录　主要名词术语英（缩略语）汉对照 …… 140

参考文献 …… 141

第一章 地铁工程联合调试内容与组织

地铁工程联合调试也称联调联试或总联调,是轨道交通试运行前,各机电系统单系统及接口调试完成,供电、通信、信号、综合监控、消防、自动售检票、门禁、站台门、车辆等专业系统同时工作,通过大量的列车运行,对各大系统接口、系统功能、系统联动的综合联调,验证各大系统之间接口、系统功能、系统联动结合一体有效的工作,满足大密度列车运行的要求,为地铁试运营和运营提供条件。

地铁工程联合调试直接影响运营安全性、可靠性,是地铁工程最重要的阶段。

《城市轨道交通初期运营前安全评估技术规范 第1部分:地铁和轻轨》(交办运〔2019〕17号)和《城市轨道交通运营基本条件》GB/T 30013—2013要求地铁工程联合调试完成后,试运行时间不少于3个月,其中按照开通运营时列车运行图连续组织行车20日以上且关键指标要符合以下规定:列车运行图兑现率不低于98.5%;列车正点率不低于98%;列车服务可靠度不低于2.5万列公里/次;列车退出正线运营故障率不高于0.5次/万公里;车辆系统故障率不高于5次/列公里;信号系统故障率不高于1次/万列公里;供电系统故障率不高于0.2次/万列公里;屏蔽门故障率不高于1次/万次。

《城市轨道交通运营管理规定》(中华人民共和国交通运输部令2018年第8号):"城市轨道交通车辆、通信、信号、供电、机电、自动售检票、站台门等设施设备和综合监控系统应当符合国家规定的运营准入技术条件,并实现系统互联互通、兼容共享,满足网络化运营需要。"

第一节 地铁工程联合调试内容

一、地铁工程联合调试内容

地铁工程联合调试是在各专业系统完成单体调试以及关联设备系统接口调试后进行的综合性测试,由综合监控、环境和设备监控、火灾自动报警、自动售检票、门禁、站台门、供电、通信、信号、车辆等系统和接口调试组成;是各专业系统功能测试和关联接口测试、系统联动的集成。

《城市轨道交通初期运营前安全评估技术规范 第1部分:地铁和轻轨》(交办运〔2019〕17号)中第三章第二节设备系统明确要求:车辆、供电系统、通信系统、信号系统通风、空调与采暖系统、消防和给排水系统、自动售检票系统、电梯、自动扶梯与自动人行道、站台门等要进行系统功能核验。

《城市轨道交通初期运营前安全评估技术规范 第1部分:地铁和轻轨》(交办运〔2019〕17号)第四章系统联动测试明确规定:轮轨关系、寻网关系、信号防护、防灾联动要进行系统联动测试。

《城市轨道交通初期运营前安全评估技术规范 第1部分：地铁和轻轨》（交办运〔2019〕17号）要求的系统功能核验、系统联动测试是联合调试必须完成的内容。

二、地铁工程联合调试实施科目

虽然目前地铁工程联合调试科目设置还没有具体统一标准，一般要求是联合调试科目设置要基本涵盖各专业系统、各专业系统接口及联动功能检测。

地铁工程联合调试科目设置大致分为：非行车设备类联调、行车设备类联调、线网联动和互通类联调等科目。

非行车设备类联调科目设置包括：综合监控联调、环境和设备监控联调、消防设备联调、门禁系统联调、站台门系统联调、通信系统设备联调、供电设备系统联调、区间设备系统联调。

行车设备类联调科目设置包括：动车联调、通信系统设备联调、信号系统设备联调、站台门系统联调、联锁验证、降级模式行车联调、全功能行车联调、供电设备联调、车辆设备联调等科目。

线网联动和互通类联调科目设置：自动售检票系统联调（AFC）互联互通联调、换乘站有关项目联调等科目。

三、地铁工程联合调试的前置条件

地铁工程联合调试的前置条件，需要完成以下单项设备系统工程的安装和调试：

1. 全线所有主变电所、开闭所、混合所、降压所、跟随所一次性受电成功，正常投入运行，实现全线送电。

2. 正线线路、道岔投入使用，完成各段限界检查、整改。

3. 轨道冷滑和热滑完成。

4. 车辆段试车线、运用库、联络线、出入段线、正线区间及折返区间应提供信号和车辆开展全线车载信号调试的作业条件。

5. 通信系统完成单系统安装和调试，至少保证提供以下条件：

（1）具备全线无线通话条件（专用无线）。

（2）具备全线有线通话条件（包括车控室、变电所、电力控制室、通号设备室、信号设备室等关键设备用房专用和公务电话、区间轨旁电话）。

（3）提供全线中央级、车站级可靠稳定的传输功能。

（4）具备全线信号及列车调试的通信和指挥条件。

6. 车辆系统提供足够数量满足动态信号调试的电客列车。

7. 风水电及环控系统施工安装完成，单机调试完成，具备正常工作条件。

8. 火灾自动报警系统、气体灭火、水消防系统、电梯和自动扶梯满足联调需要。

9. 信号系统的主要设备安装完成，车地通信正常，联锁及道岔能够正常工作。

10. 综合监控系统完成本系统调试：

（1）被控设备完成单机测试和单系统调试，且调试结果合格，并经建设单位签证，符合设备安装工程质量验收规范。

（2）ISCS、BAS和综合紧急后备盘（IBP盘）与各接口专业电气线路连接正确，并已正式送电，通信连接经静态调试或模拟试验合格，具备投入联合调试的条件。

11. 自动售检票系统、门禁系统已施工安装和调试完成。

12. 站台门、人防隔断门等系统施工安装和调试完成。

13. 车辆段主建筑和主要工艺设备（运用库、联合车库、材料库、综合楼和混合所等）及水处理设施、调车和救援车设施、架车机等用于车辆停放、调试、临时修理和紧急救援的设施设备具备使用条件。

四、地铁工程联合调试的目的

联合调试是在各专业完成单体设备安装、系统调试及关联系统接口调试工作的基础上，通过一定时间内高密度的列车运行测试，达到以下目的：

1. 保证各设备系统接口正确、符合规范要求、信息传递无误、系统能够正常联动，验证各工程设备系统性是否符合运营要求。

2. 验证移动设备与固定设备能否实现最佳的整体匹配。

3. 验证消防联动、火灾模式是否正确、可靠。

4. 验证联调设备系统及各子系统的安全性是否满足技术要求；验证产生故障将影响行车安全的子系统，确认在其故障的情况下能否导向安全。

5. 通过联合调试，发现、跟踪、消除系统及各子系统影响行车、系统功能的各类问题，保障系统及各子系统的安全性、可靠性。

6. 通过系统联调，验证运营公司相关人员对设备的操作和维修能力是否满足运营需求。

7. 通过系统功能和接口联调，达到《城市轨道交通初期运营前安全评估技术规范　第1部分：地铁和轻轨》（交办运〔2019〕17号）和《城市轨道交通试运营基本条件》GB/T 30013—2013的要求。

五、地铁工程联合调试的特点

联合调试涉及专业多，接口多，调试人员多，组织难度大，技术要求高，是地铁工程各系统在试运行前的联动联调，优化和验证各系统及接口的安全性、稳定性和可靠性。

其中，综合监控系统被控对象和关联系统多，调试工作量大、调试周期长，需要做好与被控对象、互联系统的协调工作。

消防联动关系到消防验收和消防安全，应做到及时、准确、有效，是地铁联合调试主要项目之一。

信号系统调试大致分为轨旁调试、车载调试、LTE调试和中心调试。其中轨旁调试包括轨旁设备定测、室内上电前检查校线、室内设备上电PICO测试、室内外联合调试测试、动车前测试和轨旁功能测试；车载调试包括列车静调、列车动调和列车功能性测试；LTE调试包括LTE静调测试和LTE动态测试；中心测试包括控制中心内部测试和外部接口测试。

信号系统调试包括列车最小间隔追踪、折返能力、出入段能力、抗干扰能力、列车运行安全防护、列车车站扣车和跳停、列车追踪运行防护功能测试等。

动车信号与车辆的联合调试以及通信系统与相关设备系统的联合调试是整个车辆与行

车设备系统联合调试的主控项目。

动车联调涉及车辆、信号、通信、供电、站台门、轨道、土建、限界等，信号系统列车运行安全防护功能测试是动车联调的重点。

第二节 地铁工程联合调试组织

地铁工程联合调试组织包括：建立联合调试组织框架、编制联合调试大纲（方案）、编写联合调试监理细则、联合调试实施、编写联合调试报告、专家评审。

一、建立联合调试组织框架

地铁工程联合调试组织框架不同的城市地铁公司，有不同的做法，可根据具体情况确定。图1-1是××市地铁公司××条线路联合调试组织框架图。

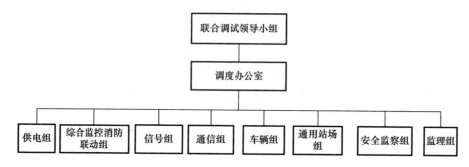

图1-1 ××市地铁公司××条线路联合调试组织架构图

××市地铁公司××条线路联合调试组织职责分工：

1. 联合调试领导小组负责统筹指挥联合调试工作。

2. 调度办公室在联合调试领导小组的领导下，负责具体组织协调联合调试工作。

3. 调度办公室下设8个组：供电组、综合监控消防联动组、通信组、信号组、车辆组、通用站场组、安全监察组、监理组，负责实施联合调试相关工作。

4. 调度办公室和各工作组主要责任如下：

调度办公室：负责联合调试期间现场调度工作的管理，由运营公司根据联调进度需求提供相关人员配置，工作职责由建设事业总部管理并承担相关责任，组长由领导小组副组长担任，运营公司由技术部接口。

供电组：负责联合调试期间供电系统的具体调试工作，负责主变电所、牵引变电所、降压变电所、车站及区间的供电系统等设备的调试，负责冷滑前的接触网（接触轨）精调，组织主变电所负荷测试并送电，参与车辆热滑测试，保障车辆、信号调试供电的安全、可靠。组长由建设事业总部供电部负责人担任。

综合监控消防联动组：负责联合调试期间综合监控的具体调试工作，含综合监控系统相关组织保障工作，牵头组织中央级、车站级、就地级综合监控系统、BAS系统及接口联调；负责综合联调期间FAS、气体灭火、切非等消防联调工作；组长由建设事业总部通号部负责人担任。

通信组：负责联合调试期间通信设备的具体调试工作，含通信系统相关组织保障工作，组长由建设事业总部通号部负责人担任。

信号组：负责联合调试期间信号设备的具体调试工作，含通号系统相关组织保障工作，组长由建设事业总部通号部负责人担任。

车辆组：负责联合调试车辆、调车机车的司机调配；负责车辆动态测试，实现列车人工驾驶模式下的各种功能；配合通号组完成车载信号、无线列调及与地面PIS系统的调试，配合信号工务组进行限界检查并确认。负责综合联调期间车辆设备的具体调试工作，含车辆系统相关组织保障工作，组长由建设事业总部车辆部负责人担任。

通用站场组（车站）：负责联合调试期间站台门、电扶梯、车站风水电、区间照明、水泵等具体调试工作，含相关设施设备的保障工作，组长由建设事业总部通号部、站场部负责人担任。通用部、站场部组还负责车站调试期间车站、轨行区安全封闭、现场安全保卫和值守管理工作。

安全监察组：负责联合调试期间安全监督和检查，组长由建设事业总部安全部负责人担任。

监理组：由监理公司项目部总监、专业监理工程师组成，负责联合调试过程监理工作和联合调试报告起草编写，组长由总监担任。

联合调试期间，调试所涉及的设计、监理等相关人员以及施工单位项目经理按专业分属各个调试工作组。

二、编制综合联调大纲（方案）

联合调试大纲（方案）是联合调试的准备、组织、联调方案、联调计划的集成，一个结合实际、可行、全面的联合调试大纲（方案），有利于联合调试的顺利进行。

编写联合调试大纲（方案）主要包括：工程概况、联调依据、联调目的、联调组织框架、联调内容、联调方案、联调计划和安排、联调安全保障措施等。

联合调试大纲（方案）部分案例：

(一) 电力监控系统控制中心自动化系统功能检测

1. 遥测功能检测

主要采集变电所内的测量对象：交流相/线电压、交流电流、零序电压、零序电流、直流电压、直流电流、杂散电流、有功功率、无功功率、功率因数、蓄电池电压、变压器温度等电气量。

2. 遥脉功能检测

主要采集变电所内的个别回路的有功电度、无功电度。

3. 遥信功能检测

位置状态遥信包括：各种开关、刀闸、接触器的合、分状态；开关手车的工作、试验、柜外位置状态；各种开关操作手柄的遥控、就地位置状态；其他设备的信号接点位置状态等。

事故遥信包括：指使设备停电、停运的事故信号，各种开关保护跳闸动作信号，温控器检查超温跳闸、整流器三倍过载、整流器熔断器熔断、进线失压等信号。

预告遥信包括：不影响设备继续运行的故障信号，直流操作电源失电、温控箱超温报警、PT熔丝熔断、CT断线、电池失电、整流器硅管超温报警、控制回路断线、各路开入错误、开出错误等信号。

遥信信息在人机界面上实时刷新,以便操作员及时了解现场设备的运行状态。

4. 遥控功能检测

控制中心自动化系统可对全线各变电所内任何一个可遥控的对象进行合、分遥控。所有的控制可由具有操作权限的操作员单击人机界面中的按钮执行,正式执行前必须进行校验和确认。只要命令启动条件满足,遥控功能即可执行,系统将根据执行的情况,报告"执行成功"或"执行失败"。在同一时刻,对同一遥控对象,自动化系统只允许进行一个遥控操作。

（二）通信专用无线系统与相关专业的联调联试

通过联调,验证通信专用无线系统与信号系统列车信息通信是否正常,接收报文消息是否正确、及时；验证通信专用无线系统行车调度和车辆基地调度能否准确地与所管辖的列车进行无线通信；验证通信专用无线系统与列车广播系统之间的广播功能是否正常；验证通信专用无线系统及其关联系统对应的接口性能、指标是否满足设计要求,并及时将暴露出来的问题与供应商、施工单位等相关单位进行协调处理。

（三）综合监控中心联调方案

区间隧道火灾联动：系统调试要完成的主要目的是实现区间隧道火灾联动,ISCS、BAS 系统收到 FAS 区间火灾信号自动联动各设备动作,并监视设备动作状态。(1) ISCS 端收到 FAS 隧道火灾报警,ISCS 的 HMI 上显示报警信息并弹出相关火灾模式弹窗,中心调度点击执行。(2) ISCS 向隧道相邻两站 BAS 发出隧道火灾模式命令,BAS 执行隧道火灾模式,BAS 在 ISCS 的 HMI 上显示相应的火灾模式号,并可查看模式设备执行情况。(3) ISCS 向 PA 发送紧急信号,PA 广播紧急疏散广播。(4) ISCS 联动 PIS 发送紧急疏散命令,PIS 屏幕上显示紧急疏散信息。(5) 隧道相邻两站值班人员核实 BAS 隧道火灾模式执行情况；组织救援和引导列车乘客疏散。

（四）信号系统动车调试区域线路图

某线路信号系统组织动车调试区域线路如图 1-2 所示。

三、编写联合调试监理细则

地铁工程联合调试工作,需要监理进行质量监督和安全管理。监理参与联合调试工作,需充分了解联合调试系统情况和规范要求,制定相应监理细则,监理细则一般包括：工程概况、综合联调目的、联合调试监理依据、联合调试工程特点、联合调试监理工作流程、联合调试监理工作要点、联合调试监理工作方法及措施等内容。

四、联合调试实施组织

（一）联合调试准备阶段组织

联合调试准备阶段以现场调研、踏勘和收集项目各专业设备系统技术合同、编制联合调试管理文本、联合调试接口技术规格书为主要工作内容。

1. 组织管理文本编制

为了更好地实施系统设备联合调试工作,确保联合调试工作的安全有序进行,联合调试领导小组对涉及联合调试工作的各项管理制度、措施、方法进行梳理、编制。

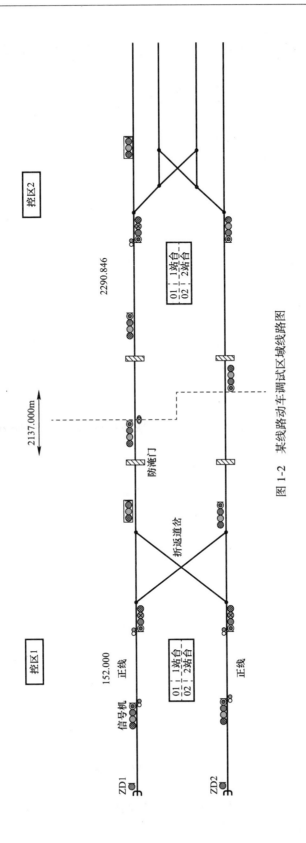

图1-2 某线路动车调试区域线路图

2. 组织技术文本编制

组织联合调试调度组、车辆组、供电组、通号组、通用设备组、监理组等编写联调大纲（方案）。

3. 跟踪单机调试等综合联调前置条件的情况

跟踪车站风水电单机调试情况和供电、通信、信号单机调试情况、隧道轨道和环境情况，即跟踪检查联合调试前置条件的情况。

（二）联合调试实施阶段组织

联合调试实施阶段，主要进行各相关关联设备接口的联调、功能验证测试、设备系统能力测试，完成关键性设备的测试内容。

针对联调过程中发现的问题进行梳理、整改消缺，最大限度确保设备系统满足运营需求。

非行车系统功能、接口调试的特点是涉及专业多，不仅包括综合监控系统、BAS系统、FAS系统调试，还包括供电系统、自动售检票系统、门禁系统、站台门系统、通信系统、信号系统、电扶梯系统、人防系统等接口调试。

（1）建立协调会议机制

由联调领导小组每周组织联合调试单位、设备供货厂家、联调人员例会，联调单位及各专业汇报各站设备单机调试进度、各专业接口调试计划及进展，协调解决各专业联调问题。

（2）建立接口调试管理办法

接口调试管理办法通过明确、细化接口调试单位责任分工，促使设备接口调试朝着规范化的方向进行，保证各站按规定时间节点完成调试任务。

接口调试管理办法：

1）业主：负责协调联合调试工作，协调联合调试进度。

2）联调咨询单位：配合组织接口调试工作，根据调试计划组织各单位进行接口调试、点名签到。

3）监理单位：负责见证调试过程，核查调试记录，督促相关专业问题整改，监督现场调试安全。

4）机电安装标段：负责上报机电单机调试情况，组织智能低压单位、风机、风阀等单位完成单机调试；负责上报车站单机调试记录，负责定位设备安装位置（贴牌），负责设备动作（主要为风阀、水阀、风机等）及状态反馈，负责本专业接线校核，负责现场调试场地开门、锁门、设备区走廊吊顶拆装等工作，负责调试现场障碍清理工作，负责打印签到表调试前放在车控室。

5）甲供设备供应商：负责甲供设备单机调试，负责接口调试中甲供设备检修、调试问题处理、缺陷设备更换。

6）综合监控（含 BAS）专业：负责根据机电安装单位上报的车站单机调试记录表，制定接口调试计划，负责调试记录，负责本专业设备单机调试，负责本专业接线校核，负责接口调试中本专业设备检修、接口调试问题处理、缺陷设备更换，负责打印每天的接口记录表；综合监控（含 BAS）每周上报本周接口调试周报，报告联合调试进展情况（含 BAS 点表）和联合调试存在的问题。

7）FAS专业：负责根据机电安装单位上报的车站单机调试记录，制定本专业接口调试计划，负责调试记录，负责本专业设备单机调试，负责本专业接线校核，负责接口调试中本专业设备检修、接口调试问题处理、缺陷设备更换，负责打印每天的接口记录表；FAS每周上报本周接口调试周报，报告联合调试进展情况（含FAS切非回路点表）和联合调试存在的问题。

8）接口调试过程中BAS、FAS专业人员必须满足现场调试需要，机电安装单位必须安排项目部专人配合调试。

9）建立综合联调信息沟通群，综合监控（含BAS）、FAS专业调试计划必须提前1天上传通知；调试计划有变动需提前通知。

调试计划应包括：当天完成的调试工作，明天调试计划，需机电安装单位、供货设备厂家、其他专业配合的工种人员。

10）调试过程中，接口双方进行测试，综合监控、FAS单位负责记录，最后参与调试各方进行签字。调试过程中发现的问题要及时解决。

11）每一次接口调试结束后，各方要总结调试中存在的问题，及时进行整改，确保在下次调试时提高效率。

12）参与调试人员须按调试计划规定的时间、地点准时集合签到参加调试。

13）施工安装单位要加强设备的成品保护及检查，对有损坏设备，及时修复替换。

14）参与调试人员需技术能力强，提高调试效率。

15）涉及区间调试工作的，需机电安装单位做好协调工作，提前制定调试计划。

16）为了确保本接口调试各项工作能安全、正常、有序地进行，防止意外伤害的发生，保证现场接口调试安全进行，所有人员均需接受安全培训，加强个人安全意识；参与调试人员均应严格执行各项设备技术操作规程，严格执行地铁公司安全施工要求。

（三）系统设备校线、调试进度统计表

×××站系统设备校线、调试进度统计表和BAS系统设备调试进度统计报表，如表1-1和表1-2所示。

×××站系统设备校线、调试进度统计表　　　　表1-1

序号	系统说明	设备名称	设备编号	安装情况	单机调试	BAS校线	接口调试（BAS）	接口调试（FAS）	接口调试（气灭）	校线备注

续表

序号	系统说明	设备名称	设备编号	安装情况	单机调试	BAS校线	接口调试（BAS）	接口调试（FAS）	接口调试（气灭）	校线备注

BAS系统设备调试进度统计报表   表1-2

序号	子项目		工作量 车站	×××站			……站			总计	
				设计工程量	调试完成量		设计工程量	调试完成量		设计总量	调试总量
					当天	累计		当天	累计		
1	与消防验收相关设备	供电	智能低压控制柜								
2		变频器	组合空调机组控制柜								
3			排热风机控制柜								
4			车站回排风机控制柜								
5		防火阀	全自动排烟防火阀								
6			全自动防烟防火阀								
7			排烟防火阀								
8			防烟防火阀								
9			IBP盘风机								
10	其他设备	照明	屏蔽门灯带照明控制箱								
11			区间照明控制箱								
12			智能照明控制箱								
13		EPS	EPS控制柜								
14		水泵	水泵控制柜								
15			真空泵控制箱								
16		水系统	冷水群控控制柜								
17			动态平衡流量阀								
18			人防门控制箱								
19			防淹门								
20		电扶梯	电梯								
21			扶梯								
22			大风机仪表箱								
23			小风机仪表箱								
24			风机盘管控制箱								
25			水流指示器								
26			空调压差传感器								

续表

序号	子项目	工作量 车站	×××站 设计工程量	调试完成量 当天	调试完成量 累计	……站 设计工程量	调试完成量 当天	调试完成量 累计	总计 设计总量	调试总量
27	模式	A端隧道系统								
28		B端隧道系统								
29		A端大系统								
30		B端大系统								
31		A端小系统								
32		B端小系统								
33		风井小系统								

1. **行车调度机构**

正线调试工作由调度办公室负责组织：

（1）负责制定封闭区间作业计划；落实次日动车调试行车组织方案等。

（2）负责正线动车调试计划开始前，进行列车上线调试前的条件检查工作。

（3）负责正线轨行区动车调试的请点销点作业。

（4）负责正线轨行区动车调试的行车指挥工作，及时下达各项调度命令。

（5）负责列车正线调试期间突发事件的信息收集、通报，以及应急处置等工作。

（6）做好调度命令和各项台账的记录工作。

（7）负责动车联调各类问题通报，督促相关单位处理；并将处理结果通知关联方。

2. **系统调试单位、设备安装单位**

（1）负责轨行区动车调试计划编制、申请。

（2）负责动车调试计划与轨行区总调度进行对接。

（3）落实调试计划相关问题。

3. **各单位具体职责**

（1）调度办公室：负责审核批准发布正线轨行区动车调试封闭区间作业周计划；负责封闭区间作业请点、销点审批工作；负责车站屏蔽门、端头门、调试终点轨行区封闭等工作；动车调试结束后，收回正线轨行区管理权；负责巡道作业的组织、落实及完成情况的汇报。

（2）供电单位：按调度指令送电、停电；负责送电停电安全。

（3）动车调试（系统调试）单位：根据批复的动车调试计划向调度所办理请点、销点等相关手续；承担调试区域的安全管理责任，在作业过程中应做好调试和人身安全防护；每次调试安排调试负责人跟车，在行车调度员下发区间封锁命令后，调试负责人负责调试过程中的行车安排；调试时由调试单位安排锁岔人员随车，负责现场道岔锁闭工作，进路排列由信号系统操作人员在调度办公室设备系统上予以配合完成。每次动车调试安排信号专职人员进行正线信号控制台的操作；调试过程中按要求在控制台上排列相关进路。

（4）乘务中心：负责调试列车作业的司乘工作；场调负责与行调配合完成调试列车的进出段作业；调试期间，司机按调试负责人指挥动车；按行车调度命令办理相关作业；调试期间遇突发情况及时向调度办公室汇报。

（5）车站站务中心：站务中心派人现场担当进路监护员，每日调试前，站务人员与轨道专业人员下路轨确认初始进路及道岔锁闭情况，确认无误后及时向行调汇报；按照调度命令办理相关行车作业；负责车站站台门、端头门、调试终点轨行区封闭等工作。

（6）轨道：负责轨行区巡道，巡道作业人员应对正线轨行区设备、设施状态及限界状态进行巡查，对进路、道岔及轨行区终端封闭情况进行检查，发现异常情况及时汇报给调度办公室。

4. 动车调试计划管理

计划分类：按时间分为周计划、日计划、临时计划。

（1）计划申请：各单位根据实际进度，向调度办公室申报动车调试计划，提交《××轨道交通动车调试计划申请表》。

（2）计划审批：由调度办公室负责审批动车调试计划。

（3）计划发布：调度办公室按时发布《封闭区域作业计划》。

（4）计划实施：轨行区动车调试作业实行"请销点"制度。

请点：各调试单位应依据经批准的计划，在规定的时间和空间内进行作业；多方配合作业的动车调试，由牵头单位负责统一办理施工请点手续；在调试开始前30min由调试负责人到调度办办理请点手续，填写《施工作业登记簿》。

销点：调试结束，电客车回库，调试负责人确认工完场清后，由牵头单位负责统一办理施工销点手续，到调度办公室办理销点登记。

五、联合调试报告

《联合调试报告》应对联调组织、联合调试实施情况、联调结论等进行真实反映，体现联合调试工作的系统性、完整性。

《联合调试报告》应充分突出联合调试过程和ABC问题分类及消缺统计，为工程顺利通过试运营条件专家评审提供宝贵的评审依据。

（一）《联合调试报告》编写具体要求

《联合调试报告》编写一般由业主委托联合调试咨询单位或联合调试监理单位完成，具体要求有：

1. 明确联合调试目的，组织架构健全；制定总体方案和各调试项细化方案。

2. 项目设置及测试内容要基本涵盖各专业系统、接口及联动功能检测，项目设置的大类、测试大项、调试科目应清晰，计划测试科目完成率要达到要求，即要基本达到预定计划目标。

3. 联合调试实施过程要真实反映联调过程情况，如综合监控系统、消防检测系统、供电系统、通信系统、信号系统、自动售检票系统、门禁系统、站台门系统、车辆系统等主要功能及接口联调测试情况。

4. 联合调试结果分析及评估结论要有记录。

5. 应对联合调试中发现的问题进行统计和分类，对整改效果、遗留问题处理情况进行跟踪，即联调中发现的A类问题、B类问题、C类问题记录和整改消缺有统计，联调A类问题整改率、B类问题整改率、C类问题整改率有统计。

A类问题、B类问题、C类问题记录及原因分析要基本清晰，基本达到整改要求，凡涉及行车、消防及服务乘客的问题，应在试运营前全部整改完毕并销项。

6. 联调中对各种关键参数要明确记载，以利于长期维修参考。
7. 联合调试质量评估结论要明确。
8. 联合调试测试科目完成情况和综合联调问题及消缺统计，有表格、图形表示。

(二)《联合调试报告》编写内容

《联合调试报告》一般应包括下列内容：

1. 工程概况；
2. 联合调试组织；
3. 联合调试实施过程；
4. 联合调试结果分析及评估结论；
5. 联合调试的主要数据统计分析；
6. 联合调试专项消缺情况；
7. 联合调试质量评估；
8. 附件。

(三)《联合调试报告》附件

《联合调试报告》附件一般应包括下列内容：

1. 各专业联合调试大纲；
2. 各专业联合调试总结；
3. 综合联调协调会议纪要；
4. 各专业联合调试调试记录和报告；
5. 消防局消防验收证书；
6. 列车安全证书；
7. 电扶梯特检所验收证书；
8. 人防工程验收证书；
9. 各专业联合调试问题及整改消缺情况统计表；
10. 通信系统第三方测试报告；
11. 站台门第三方绝缘检测报告。

(四) 联合调试结果分析及评估结论记录表式

联合调试结果分析及评估结论可用表1-3所示表格记录，可反映测试质量要求、每个车站调试时间、测试问题记录及整改、测试评估意见，一目了然地反映科目联调情况。

联合调试结果分析及评估结论 表1-3

测试科目编号		
测试科目名称		
测试质量要求		
测试车站	测试完成日期	测试问题记录及整改
测试评估意见		

（五）联合调试完成情况汇总表

联合调试完成后，需要进行统计汇总，有利于全面反映联调情况，为试运营基本条件评审提供数据依据。联合调试汇总表如表1-4所示。

联合调试汇总表　　　　　　　　　　　　　　　　表1-4

联动测试项目分类	单项测试量	单项比重（%）	联调单项完成	联调单项完成率（%）
合计				

注：

（六）联合调试工程问题和消缺统计

在联合调试过程中发现的诸多问题和缺陷需要进行整改和完善，这对联合调试质量和运营安全、可靠性意义重大，联合调试中要高度重视这一问题。

目前，联合调试中发现的问题，一般按影响程度划分为A、B、C类，建立《联合调试问题及整改消缺情况记录表（××专业）》，按问题发生区域、问题描述、问题发现时间、解决问题方案和结果、问题分类、责任单位、整改消缺完成时间、确认人等记录，联合调试单位每周更新报给监理单位和有关单位，跟踪检查问题和缺陷整改消缺情况，保证试运营前A类问题消缺整改完成，B类、C类问题整改基本完成，提高了联合调试质量。

按影响程度划分，A类问题是指影响行车安全、影响消防验收的问题，如手台单站集群、道岔失表、供电设备不能分合闸、车辆车门无法打开、排烟风阀打不开等问题；B类问题是指不影响行车安全，但会对车站日常管理和相关功能造成影响的问题，如电扶梯故障、冷水机组故障等问题；C类问题是指不影响使用，但需进一步完善的问题，如标识问题、线缆排列不整齐等问题。

《联合调试问题及整改消缺情况记录表（××专业）》需参加调试单位每周更新统计，对影响行车安全、消防验收的A类问题、缺陷及B类问题、缺陷，落实解决措施和专人负责，形成闭环机制，及时消缺。对于C类问题、缺陷制定整改期限，使其满足试运营条件，表1-5和表1-6是"×号线联合调试问题及整改消缺情况记录表"和"联合调试专项消缺情况统计表（按影响程度划分）"。

×号线联合调试问题及整改消缺情况记录表（××专业）　　表1-5

序号	设备及编号问题区域	问题描述	问题发现时间	解决方案和结果	问题分类	责任单位	整改消缺完成时间	确认人	备注
1									
2									
3									
4									
5									

联合调试专项消缺情况统计表（按影响程度划分） 表1-6

联动测试科目分类	A类问题	整改数量	整改率（％）	B类问题	整改数量	整改率（％）	C类问题	整改数量	整改率（％）	备注
合计										

六、开通试运营基本条件评审

联合调试结束进行试运行后，在开通试运营前，要进行开通试运营基本条件评审。

试运营基本条件评审分为：试运营基本条件评审专家预检查、试运营基本条件专家评审。

根据地铁公司的要求，组织部分专家听取轨道交通工程建设和试运营准备汇报，对照国家颁布的《城市轨道交通初期运营前安全评估技术规范 第1部分：地铁和轻轨》（交办运〔2019〕17号）、《城市轨道交通试运营基本条件》GB/T 30013—2013、《城市轨道交通运营管理规范》GB/T 30012—2013和相关标准，进行现场检查，使轨道交通工程涉及试运营安全和满足基本服务要求的问题及时发现，提前整改，顺利迎接试运营基本条件的专家评审。

专家预评审内容包括：合规性检查，不载客试运行情况检查，设施、设备符合性检查，专家预评审现场检查。

1. **合规性检查**：运营单位的政府批准与授权文件；工程基本条件；主管部门批准文件。

2. **不载客试运行情况检查**：设备系统的调试、联调；3个月不载客的试运行；20天按试运营开通时列车运行图行车，试运营指标达到国家标准的8项要求。

3. **设施、设备符合性检查**：试运营线路、轨道、限界、车站、区间、结构、停车场、车辆、供电系统、通信、信号、通风空调、给水排水与消防、火灾自动报警系统、门禁、自动售检票系统、车站设备（电扶梯、站台屏蔽门）等机电设备系统、控制中心等符合设计要求，满足试运营的需求，包括各单位工程验收、验收后的整改。

4. **专家预评审现场检查**：分别检查线路完成得好、中、差三种不同类型的车站；主变电所；车辆段；控制中心；系统联试联调情况；试运行及试运营准备情况。

资料情况介绍：《建设情况与试运营准备情况》《联调联试和试运行情况》、政府部门许可文件的取得情况、土建、设备竣工图及相关资料目录、运营相关资料及目录（运营管理办法、制度、预案等）、配线图、车站总平面图、线路平、纵断面图、信号总平面图、全线示意图等。

七、试运营基本条件专家评审

（一）试运营基本条件专家评审

试运营基本条件评审由城市轨道交通运营主管部门委托第三方评估单位进行，试运营基本条件评审会的专家由全国轨道交通建设及运营管理专业的专家组成，地方政府相关部门、新建线路的建设管理和运营管理单位、设计、施工、设备、安装、监理等单位参加。

专家评审会议程一般有：工程评审专家预备会议；开幕式：工程专题录像片、工程建设综合情况汇报、工程运营准备情况汇报、工程公交配套方案汇报；工程现场踏勘；工程现场系统测试；工程分组交流讨论；工程评审专家组组长会议、形成专家组意见初稿；与地方城市交通委、地铁集团交换工程专家意见；闭幕式：评审专家组长宣读专家评审意见。

试运营基本条件评审会后，地铁公司举行整改会议，针对专家评审提出的A类、B类、C类问题，逐一落实整改计划。

（二）试运营基本条件专家评审会专家组意见

试运营基本条件专家评审会专家组意见一般包括以下内容：

1. 工程概况、评审范围与评审目的。

评审目的：对照国家标准《城市轨道交通试运营基本条件》，为确保试运营安全和满足基本服务要求必须达到的基本条件。

2. 评审依据：

《国务院办公厅关于保障城市轨道交通安全运行的意见》（国办发〔2018〕13号）；

《城市轨道交通初期运营前安全评估技术规范 第1部分：地铁和轻轨》（交办运〔2019〕17号）；

《城市轨道交通试运营基本条件》GB/T 30013—2013；

《城市轨道交通运营管理规范》GB/T 30012—2013；

《城市轨道交通运营管理规定》（交通运输部令2018年第8号）；

《交通运输部关于加强城市轨道交通运营安全管理的意见》（交运发〔2014〕201号2014年10月）；

《地铁设计规范》GB 50157—2013、《地下铁道工程施工质量验收标准》GB/T 50299—2018、《城市轨道交通技术规范》GB 50490—2009等国家、地方有关法律、法规、规章和技术标准；城市轨道交通管理条例以及关于城市轨道交通的相关规定。

3. 总体评价。

4. 基础条件。

5. 限界基本条件。

6. 土建工程基本条件。

7. 车辆与车辆基地基本条件。

8. 运营设备系统基本条件：

包括供电系统、通信系统、信号系统、通风空调系统、给水排水系统、火灾自动报警、综合监控系统、自动扶梯、电梯、自动售检票系统、门禁系统、乘客信息系统、控制中心、系统联调等基本条件。

9. 人员基本条件。

10. 运营组织基本条件。

11. 应急与演练。

12. 系统测试检测：

包括信号系统列车安全防护测试检测、车辆功能测试检测、车站站台火灾消防联动测试检测、列车区间阻塞模式测试检测、车站消防水系统功能检测、气体灭火系统联动测试检测、车站 0.4kV 低压供电系统"自投自复"功能测试检测、车站应急照明系统检测、车站自动售检票系统数据上传准确性测试检测、站台门防护功能测试检测等系统测试检测。

13. 结论与主要建议：

城市轨道交通试运营基本条件评审结论分为："具备、初步具备、基本具备、不具备"四个等级。

第三节　地铁工程联合调试安全管理

地铁工程联合调试期间存在诸多安全隐患，如：轨行区还有部分没有完成的施工作业，需要请点作业，存在动车与人和物安全隐患；联合调试期间调试人员多，协调困难，容易出现不协调引起事故安全隐患；调试人员素质不一，有误动操作等安全隐患；新系统建立和安装，不稳定容易出现意外问题等，都需要加强联合调试安全管理工作。

地铁工程联合调试安全管理重点是轨行区、动车调试和车站设备联调安全管理。

一、轨行区管理

（一）轨行区

包括地下车站轨行区、区间隧道轨行区、出入段线及车辆段轨行区；其中地下车站轨行区和区间隧道轨行区统称为正线轨行区。

1. 地下车站轨行区：车站站台层结构侧墙至站台边缘以内范围（含上空）；对于在站台板上作业，但施工人员、机具有可能侵入轨行区的，亦包含在轨行区管理范围内。

2. 区间隧道轨行区：区间隧道内全部空间。

（二）轨行区动车调试作业实行"请销点"制度

动车调试单位将动车调试方案及实施计划，报调度办。施工作业单位将轨行区作业请点计划，报调度办公室。

调度办公室负责制定轨行区动车联调、作业计划安排，并通知相关单位。

1. 请点

各调试单位和轨行区作业单位应填写《施工作业申请表》，经调度办公室统一计划批准，依据经批准的计划，各调试单位和轨行区作业单位在规定的时间和空间内进行作业。

多方配合作业的动车调试，由牵头单位负责统一办理施工请点手续。

2. 销点

调试结束，电客车回库，调试负责人确认工完场清后，由牵头单位负责统一办理施工销点手续，到调度办办理销点登记。

轨行区作业施工单位在规定施工点完成作业，工完场清后到调度办办理销点登记。

3. 轨道车运行限速 15km/h，加强瞭望，随时停车，施工作业人员须在作业区域两端设置警示灯，穿反光背心，注意避让。需要扳动道岔前，需在岔前停车后向信号中心申请扳动，在接到信号人员反馈道岔扳动完成后，司机需确认道岔位置正确后方可动车。司机与信号中心联系沟通时使用对讲机，做好现场安全防护，保证设备及施工人员安全。

（三）轨行区封闭管理

轨行区封闭管理一般由车站施工单位负责，车站施工单位组织人员在车站两头站台门端门外，设置值班人员负责人员进出登记、检查、许可，没有作业令任何人不得进入轨行区。

轨行区封闭管理严格执行施工备案管理制度，所有单位携带的大件器具必须喷写单位标识。

站台门单位负责站台门活动门、应急门关闭。

站台门端门内作业要求：仅允许作业人员通过站台门端门进入端门内设备房作业，禁止进入轨行区及端门内站台走廊逗留，禁止人员及工器具侵限。

二、动车调试安全注意事项

1. 信号系统完成各单体调试，主要包括道岔、信号机、计轴系统、电源系统、站台/IBP紧停、屏蔽门、联锁计算机等联锁关系校核工作，设备的各项参数符合技术要求并提供相关单体调试报告。

2. 信号系统完成全线联锁软件调试，确保联锁关系正确完整，信号厂家提供相关的调试报告，并取得联锁级证书。

3. 信号系统完成了正线与车辆段联锁接口调试，并提供相关调试报告。

4. 信号系统完成了轨旁设备的功能测试，具备CBTC通信模式。

5. 信号系统至少完成了测试需求数量的电客车的车载子系统静态和动态调试，并提供相关调试报告。

6. 上线测试列车需具备CBTC模式/多车运行证书。

7. 信号系统完成信号与站台门的接口调试，并提供相关调试报告。

8. 中央、车站具备监控功能，能正常操作和排列进路。

9. 完成站台门的单体调试，站台门能正常开关并给出正确的信号，并提供相关调试报告。

10. 完成了信号与车辆的接口调试，电客车ATO对标在正常范围。

11. 完成了信号与站台门的接口调试，站台门能与电客车车门联动且能给出正确的信号。

12. 《行车组织规则》及车站、司机、调度工种操作手册、应急处理和维修手册等规章均编写完毕；车站、司机、调度等行车人员通过培训、考试，并取得相关操作资格证。

13. 各部门相关人员在测试开始前全部安排到位。车站、司机、调度、设备维修、车辆检修人员全部在岗，均经过安全上岗培训，按正常工作要求值班。测试期间能严格按照正常运营生产要求开展行车组织、设备维修/维护及故障抢修工作。

14. 各专业已完成封闭区域各自施工材料、工器具及全部人员清场工作。

15. 轨道专业已完成封闭区域轨道精调、浮置板道床顶升、临时轨缝焊接、垃圾清运、隧道清洁、限界检查。

16. 站台门已完成车站站台门（含端门）封闭，钥匙已移交车站。

17. 信号、轨道专业已完成封闭区域内道岔工电联合调试工作。
18. 通信专业已开通封闭区域手台通信和关键设备房公务电话。
19. 供电专业已完成封闭区域牵引供电设备的安装、接线、调试，具备送电条件。
20. 车站已完成带电警示标识、区间照明良好、区间积水排出正常；车站保安到岗，并严格依照轨行区管理办法进行封闭管理。
21. 土建已完成封闭区域剩余模板、支架拆除；轨行区人防门门体可靠固定，轨行区上方吊装口及各类孔洞已完成封闭。
22. 信号、车辆专业动车作业期间，行车调度指挥由信号系统供货商担任，所有车辆均需服从中心调度指挥命令。车辆作业区域划分原则：没有设备或系统防护时，调试车辆须有物理隔离措施，分左右线或设置不少于两站区间安全防护区段。有设备或系统防护有效时，才允许车辆间隔缩小至一站两区间。

三、车站设备联调安全注意事项

1. 没有签订安全协议者，一律不受理施工申请及办理准入证。
2. 调试人员听从指挥，未经允许不得私自开启电气设备。
3. 调试人员坚守岗位，不得随意离开工作面。
4. 严格遵守停、送电制；检查交流电源是否符合设备规范要求。
5. 参加调试的巡视人员发现问题及时处理解决并及时汇报。
6. 现场设备防护设施采取了有效的防范措施，无安全隐患。发现安全隐患必须立即整改，否则不得进行调试作业。
7. 调试区域必须保证有充足的安全照明。
8. 调试工作场所内（供电设备房间）必须有明显的安全标识。
9. 单机设备调试送电前，先检查急停按钮和停止按钮，是否能够安全断电。
10. 单机设备调试送电前，必须全面检查设备无异常，检查设备螺栓紧固，安全保护设施完好，并确认无人在设备上作业，方能启动运转。启动后如发现异常，应按有关规程立即停机。
11. 送电后，现场人员保持通信畅通，无关人员不得进入现场。
12. 变频器在刚切断电源后，直流母线上也带电，因为放电电容放电有一个过程，存在危险电压，5min后才能放电完毕。带电部位主要是变频器的进线端、出线端，制动单元的进线端、出线端、制动电阻器。变频器切断电源放电完成后，才可进行有关检查。
13. 设备启动前，先点动电机，试转方向正确后，方可正常启动电机。
14. 要注意转动的部分（如风机、电梯、站台门、卷帘门等）都有危险存在，不能在有危险隐患部位停留。
15. 调试过程中必须有专职安全人员及管理人员分级现场监控，对调试人员进行安全培训，明确调试过程中可能出现的安全问题，做好预防措施。
16. 调试现场可能启动的设备必须有明显的安全标识。
17. 注意不要让异物掉入35kV电柜、400V电柜、环控电控柜、变压器内，以免短路损坏设备或引起火灾。

18. 每天调试完毕后要把各设备电源关断。
19. 综合监控系统集成商负责车站车控室的值守，确保车站投入远控设备无误动作。
20. 各施工单位负责各自安装设备的成品保护。
21. 调试期间，任何参与调试人员禁止擅自进入调试区域的轨行区。
22. 调试人员需佩戴安全帽等防护用具。

第二章　地铁综合监控系统联调

第一节　地铁综合监控系统简介

一、地铁综合监控系统简介

地铁综合监控系统（Integrated SuperVisory Control System，简称ISCS）是一个高度集成的综合自动化监控系统，通过集成和互联地铁多个弱电系统和电力监控系统，形成统一监控硬件平台和软件平台，实现对地铁机电设备的实时集中监控和各系统之间协调联动和正常模式、阻塞模式、故障模式以及火灾模式的联动控制，是地铁安全、可靠运营的重要组成部分。

地铁综合监控系统分两级管理：中心级、车站级。中心级负责全线系统设备的监视，并能对涉及全线行车和站与站之间的监控对象的控制、协调和管理。车站级负责本站内设备的监控和管理。

中央级控制中心与车站级的计算机设备利用通信专用传输系统提供的网络通道组建主干网络；中央级监控层与车站级控制层设备主要通过通信接口形式进行连接；车站级控制层与末端设备层主要通过网络、现场总线和硬线等接口形式进行连接。

地铁综合监控中央级控制中心的调度员通过调度员工作站，控制和监视各被集成系统；控制中心的命令，通过ISCS网络发送到各被集成系统。

地铁综合监控系统在车站集成互联BAS、PSD、PSCADA、FAS、ACS、PA、CCTV、AFC、智能疏散等系统，实时实现对电力设备、火灾报警信息及其设备、车站环控设备、区间环控设备、环境参数、站台门设备、防淹门设备、电扶梯设备、照明设备、门禁设备、自动售检票设备、广播和闭路电视设备、乘客信息显示系统的播出信息和时钟信息等进行集中监视和控制的基本功能。

在紧急情况下，车站级综合监控系统通过监视互联系统主要设备运行状态和现场情况，启动相应互联模式（如火灾模式等）。

在车站控制室设置IBP盘，保证紧急情况实现：紧急停车、紧急停车取消、信号计轴器复位按钮、消防泵的控制功能、防排烟风机的控制功能、门禁紧急控制、闸机紧急释放控制、站台门的开启控制。

在IBP盘上设置触摸式电子屏，实现阻塞模式下的隧道通风、车站通风和区间火灾工况的处理显示；车站电扶梯位置示意，实时状态显示；通信专业CCTV视频画面。

车站综合监控系统，在车控室、通信设备室等房间内主要配置有服务器、交换机、前端处理器、工作站等设备。

二、BAS系统简介

环境与设备监控系统（Building Automatic System，简称BAS）是"对地铁建筑物内的环境与空气条件、通风、给排水、照明、乘客导向、自动扶梯及电梯、屏蔽门、防淹门等建筑设备和系统进行集中监视、控制和管理的系统"（《地铁设计规范》GB 50157—2013）。

环境与设备监控系统是综合监控系统深度集成的子系统，在我国地铁工程中称为BAS系统。

地铁的正常运营是通过多种机电设备与各类控制系统来保证的，其中，地铁通风空调系统是为满足和保证人员及设备运行所需的空气环境，是地铁工程中一个重要的组成部分。地铁通风空调的运行状态关系到地铁的服务质量和安全。监控及管理通风空调设备的运行，是地铁环境与设备监控系统在地铁运营中的重要环节。

环境与设备监控（BAS）系统还是地铁火灾事故消防的重要组成部分，关系到地铁的灭火救援和运营安全。其中，环境与设备监控（BAS）系统控制的火灾工况排烟模式运行等是地铁环境与设备监控系统的最重要环节之一。

（一）BAS系统监控的对象及要求

地铁通风空调系统设备主要是隧道通风系统和车站通风空调系统设备。它包含隧道通风系统设备、站台隧道通风系统设备、站厅公共区通风空调系统设备、车站设备与管理用房通风空调系统设备、防排烟系统、空调水系统设备、各类传感器、执行器。

地铁通风空调工程一般与地铁调度和运营管理、地铁其他机电设备共同构成BAS系统。BAS监控的对象是以地铁通风空调系统、防排烟系统及制冷系统为重点，还包括给排水系统、照明系统、乘客导向系统、自动扶梯电梯、站台门、防淹门、与FAS系统接口。

BAS系统的控制范围如图2-1所示。

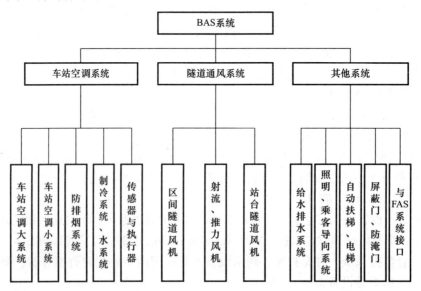

图2-1 BAS系统的控制范围

BAS系统具有机电设备监控、执行防灾及阻塞模式、环境监控与节能运行管理、环境和设备的管理等功能，具体监控内容有：

1. 正常运营模式的判定；
2. 消防排烟模式和列车区间阻塞模式的联动；
3. 设备顺序启停；
4. 风路和水路的联锁保护；
5. 大功率设备启停的延时配合；
6. 主、备设备运行时间平衡；
7. 车站公共区和重要设备房的温度调节；
8. 节能控制；
9. 运营时间、故障停机、启停、故障次数等统计；
10. 配置数据接口以获取冷水机组和水系统相关信息。

（二）控制级

BAS系统采用中央控制级、车站控制级和就地控制级三级控制，并通过它们的有机配合，最终实现BAS系统的整体功能。

1. 中央控制级

中央控制级在控制中心，是以中央监控网络和车站监控网络为基础的网络系统，是整个BAS系统的监控中心，对地铁通风空调系统进行监控，自动或由操作员和工程师向车站下达各种运行指令。特别是区间火灾情况下，BAS通过中央控制级下达操作指令。

2. 车站控制级

地铁通风空调工程车站控制级设置在车站控制室，是BAS系统以车站为单位的相对独立的系统，正常工况下，提供灵活多样、全面的监控方式与手段，对车站通风空调设备进行监视，向中央控制系统传送信息，执行中央控制室下达的各项命令，实现对车站通风空调系统监控实时控制操作，并通过先进、实用的控制达到节能与优化控制的目的；非正常情况下，提供方便的协调和调度监控手段来满足和应对特殊的工况需求，并根据中央控制室及触发命令完成模式控制。

车站级BAS系统与综合监控系统（ISCS）集成，BAS系统车站主要设备有冗余PLC、IBP盘PLC、一体化工控机、各种远程I/O模块、通信接口模块、电源转换及配电设备、各种传感器、各种配线电缆等。

车站BAS系统功能包括实时监控与联动控制、车站环境参数监控、车站空调系统控制、大系统设备的变频智能控制、设备控制、防灾联动控制、紧急操作、系统安全措施、报警监控功能、消防联动、系统恢复与保持功能。

3. 就地控制级

地铁通风空调工程就地控制级设置在各车站环控电控室，可以单台设备就地控制和模式控制。

（三）接口调试

地铁通风空调工程BAS系统是一个集成系统，集成系统的一个特点是要处理各种接口。

1. BAS与通风空调大系统的空调机组、回/排风机、隧道排热风机、单双速风机、小系统空调机组、新风机、射流风机、隧道风机、电动风阀、风机仪表箱、防火阀、动态流量平衡阀、过滤网压差、风机盘管、集成冷站接口调试。

2. BAS 与给水排水系统的排水泵、雨水泵、废水泵、真空排污泵、消防水管电动蝶阀、消防水管水流指示器、消防水池液位的接口调试。

3. BAS 与智能照明、照明配电箱（站台门灯带照明、区间正常照明）、应急照明 EPS 的接口调试。

4. BAS 与电扶梯自动扶梯、垂直电梯的接口调试。

5. BAS 与人防门、人防兼防淹门的接口调试。

6. BAS 与火灾报警系统（FAS）的接口调试。

7. BAS 与综合监控系统接口调试。

第二节　地铁综合监控系统联调

一、地铁综合监控系统联调流程

综合监控系统被控对象和关联系统多，联合调试工作量大、联合调试周期长，要抓紧与被控对象、互联系统的细调工作，特别是消防联动应做到及时、准确、有效。

综合监控调试流程：相关专业单机调试完成后进行接口调试，接口调试完成后进行系统联调。

（一）单机调试

通风空调系统调试、给排水及消防系统调试、低压配电及动力照明系统、BAS 系统单机调试、FAS 系统单机调试、ISCS 系统单机调试。

（二）接口调试

1. BAS 接口调试：通风空调设备接口、智能低压接口、变频器接口、FAS 接口、应急照明接口、照明配电接口、冷水机组接口、给排水接口、电/扶梯接口调试。

2. FAS 接口调试：气体灭火接口、消防水泵接口、防火阀接口、切非、门禁接口、闸机接口、应急照明接口、卷帘门接口、电/扶梯接口调试。

3. IBP 盘：IBP 盘与 BAS、FAS、PSD、信号、AFC、ACS 接口调试。

（三）系统联调

ISCS、BAS 模式联调、ISCS 与全线各系统的联合调试（如火灾模式、区间阻塞模式）。

二、地铁综合监控系统接口联调

地铁综合监控系统接口联调包括综合监控与其他专业接口调试、BAS 系统调试、IBP 盘调试等联调；综合监控消防联动模式调试、通风空调大系统模式调试、通风空调小系统模式调试、区间隧道通风模式调试。

（一）综合监控与环控测试

综合监控与环控测试要求：（1）车站 ISCS 工作站正确显示大系统、隧道系统、小系统、模式图形等。（2）车站单控设备正常、模控正常。（3）设备报警能正确收到信号。

（二）综合监控与 FAS 测试

综合监控与 FAS 测试要求：（1）车站 ISCS 工作站正确显示 FAS 设备状态点、报警信息。（2）控制中心 ISCS 能正确显示报警信息。

（三）综合监控与 PA

综合监控与 PA 测试要求：（1）车站 ISCS 工作站正确显示 PA 设备状态点、报警信息。（2）ISCS 能下发预录语音广播、线路广播、话筒广播遥控命令。

（四）综合监控与 CCTV

综合监控与 CCTV 测试要求：（1）车站 ISCS 工作站正确显示 CCTV 设备状态点、报警信息。（2）ISCS 进行监视器画面切换遥控。（3）ISCS 能进行录像回放。

（五）综合监控与 PIS

综合监控与 PIS 测试要求：（1）车站 ISCS 工作站正确显示 PIS 设备状态点、报警信息。（2）ISCS 能进行紧急信息播放。

（六）综合监控与 PSD

综合监控与 PSD 测试要求：车站 ISCS 工作站正确显示 PSD 设备状态点、报警信息。

（七）综合监控与感温光栅

综合监控与感温光栅测试要求：（1）车站 ISCS 工作站正确显示感温光栅设备状态点、报警信息。（2）ISCS 正确显示感温光栅温度值。（3）ISCS 能复位感温光栅报警。

（八）综合监控与智能疏散

综合监控与智能疏散测试要求：（1）车站 ISCS 工作站正确显示智能疏散设备状态点、报警信息。（2）车站 ISCS 前置机能正常发送给智能疏散 BAS 隧道系统模式号。

（九）综合监控与门禁

综合监控与门禁测试要求：车站 ISCS 工作站正确显示门禁设备状态点、报警信息。

（十）综合监控与时钟功能测试

综合监控与时钟功能测试要求：（1）车站 ISCS 设备与 CLK 时间信息统一。（2）控制中心 ISCS 设备与 CLK 时间信息统一。

（十一）BAS—变频风机功能测试

BAS—变频风机功能测试要求：（1）ISCS 界面正常显示风机状态。（2）ISCS 能对变频风机进行启动、工频、停止操作。

（十二）BAS—风阀功能测试

BAS—风阀功能测试要求：（1）ISCS 界面正常显示风阀状态。（2）ISCS 能对风阀进行遥控。

（十三）BAS—垂直电梯功能测试

BAS—垂直电梯功能测试要求：ISCS 界面正常显示垂直电梯状态、报警信息。

（十四）BAS—电扶梯功能测试

BAS—电扶梯功能测试要求：ISCS 界面正常显示电扶梯状态、报警信息。

（十五）BAS—FAS 功能测试

BAS—FAS 功能测试要求：（1）FAS 火警联动 BAS 执行防灾模式正常。（2）接口冗余正常。

（十六）BAS—EPS 功能测试

BAS—EPS 功能测试要求：ISCS 界面正常显示 EPS 状态、报警信息。

（十七）BAS—冷水群控功能测试

BAS—冷水群控功能测试要求：ISCS 界面正常显示冷水群控状态、报警信息。

（十八）BAS—智能照明功能测试

BAS—智能照明功能测试要求：（1）ISCS 界面正常显示智能照明状态、报警信息。（2）ISCS 能对智能照明进行遥控。

（十九）BAS—防淹门功能测试

BAS—防淹门功能测试要求：ISCS 界面正常显示防淹门状态、报警信息。

（二十）BAS—全自动防火阀功能测试

BAS—全自动防火阀功能测试要求：（1）ISCS 界面正常显示全自动防火阀状态信息。（2）ISCS 能对全自动防火阀进行遥控。

（二十一）BAS—屏蔽门灯带功能测试

BAS—屏蔽门灯带功能测试要求：（1）ISCS 界面正常显示屏蔽门灯带状态信息。（2）ISCS 能对屏蔽门灯带进行遥控。

（二十二）BAS—人防门功能测试

BAS—人防门功能测试要求：ISCS 界面正常显示人防门状态信息。

（二十三）BAS—水泵功能测试

BAS—水泵功能测试要求：（1）ISCS 界面正常显示水泵信息。（2）ISCS 能正确对水泵进行遥控。

（二十四）BAS—区间照明功能测试

BAS—区间照明功能测试要求：（1）ISCS 界面正常显示区间照明状态信息。（2）ISCS 能正确对区间照明遥控。

（二十五）BAS—风机仪表箱功能测试

BAS—风机仪表箱功能测试要求：ISCS 界面正常显示风机仪表信息。

（二十六）BAS—风机盘管功能测试

BAS—风机盘管功能测试要求：（1）ISCS 界面正常显示风机盘管状态信息。（2）ISCS 能正确对风机盘管遥控。

（二十七）BAS—平衡阀功能测试

BAS—平衡阀功能测试要求：（1）ISCS 界面正常显示平衡阀状态信息。（2）ISCS 能正确对平衡阀遥控。

（二十八）BAS—空调压差功能测试

BAS—空调压差功能测试要求：ISCS 界面正常显示空调压差状态信息和报警信息。

（二十九）BAS—区间水流指示器功能测试

BAS—区间水流指示器功能测试要求：ISCS 界面正常显示区间水流指示器状态信息。

（三十）BAS—传感器功能测试

BAS—传感器功能测试要求：监视界面内传感器读数显示正确。

（三十一）IBP 盘—消火泵功能测试

IBP 盘—消火泵功能测试要求：(1) 综合后备盘消防水泵启停控制正常。(2) 综合后备盘消防水泵状态反馈正常。

（三十二）IBP 盘—隧道火灾模式、车站火灾模式功能测试

IBP 盘—隧道火灾模式功能测试要求：IBP 盘—隧道火灾模式、车站火灾模式功能符合设计要求。在车站综合应急后备设备（IBP 盘）人工执行一个隧道火灾模式指令或在车站综合应急后备设备上人工执行一个车站火灾模式指令，设备系统运行模式和动作符合设计要求。

（三十三）IBP 盘—车站火灾模式排烟风机功能测试

IBP 盘—车站火灾模式排烟风机功能测试要求：车站火灾模式排烟风机动作符合设计要求。(1) 综合后备盘排烟风机启停控制正常。(2) 综合后备盘消排烟风机状态反馈正常。

（三十四）IBP 与 ATS 测试

IBP 与 ATS 测试要求：综合后备盘紧急停车控制正常。

（三十五）IBP 盘—ACS 功能测试

IBP 盘—ACS 功能测试要求：综合后备盘门禁释放正常。

（三十六）IBP 与 AFC 测试

IBP 与 AFC 测试要求：综合后备盘闸机释放控制正常。

（三十七）IBP 盘—PSD 功能测试

IBP 盘—PSD 功能测试要求：(1) 综合后备盘屏蔽门开门控制正常。(2) 综合后备盘屏蔽门状态反馈正确。

（三十八）车站紧停按钮功能测试

车站紧停按钮功能测试要求：(1) IBP 上紧停按钮触发，在 IBP 上显示正确位置，ATS 同步显示触发位置，并取消后恢复正常。(2) 站台上紧停按钮触发，在 IBP 上显示正确位置，ATS 同步显示触发位置，并取消后恢复正常。

（三十九）区间疏散指示测试

区间疏散指示测试要求：(1) 区间疏散指示监控正常。(2) 事件报警记录正常。

（四十）区间水泵安全运行测试

区间水泵安全运行测试是检测区间水泵远程监控、启（停）泵水位及故障报警功能的正确性。

区间水泵安全运行测试要求：(1) 中央和车站环境与设备监控系统显示的水泵状态和现场水泵启/停情况一致。(2) 区间水泵低水位报警、中水位启泵、高水位报警功能正常，中央和车站环境与设备监控系统显示的水泵状态和现场水泵启/停情况一致。

（四十一）区间 FAS 手报

区间 FAS 手报测试要求：(1) 综合监控 FAS 区间相关界面显示正确。(2) 通道冗余测试正常。(3) 区间 FAS 手报动作，FAS 报警主机接受显示火警信号正常。(4) 事件报警记录正常。

三、地铁综合监控系统模式联调

地铁综合监控模式联调包括：综合监控车站火灾联动模式测试、车站通风空调大系统模式调试、车站通风空调小系统模式调试、区间隧道通风模式调试等。

（一）车站公共区火灾工况联动模式测试

车站公共区火灾工况联动模式测试要求：(1) 火灾自动报警系统主机和环控系统工作站显示火灾报警，报警显示信息与现场设备实际位置和状态保持一致。(2) 触发火灾模式指令后，环控系统执行火灾模式并显示执行火灾模式状态。(3) 站厅和站台风口风向、梯口风速符合设计要求；防排烟系统正确启动，排烟模式的稳定性和排烟效果良好；车站应急照明、非消防电源切除正确；与火灾模式联动有关的车站自动售检票机、相关区域门禁、广播、乘客信息系统、车站疏散指示、垂直电梯等切换和动作，以及视频监视系统、防火卷帘等动作均应符合设计要求。(4) 综合监控正确收到 FAS 火灾报警。(5) BAS 正确收到 FAS 火灾报警。(6) BAS 正确启动相应的火灾模式。(7) 综合监控联动发布 PIS 紧急信息。(8) 站厅防烟分区、站台层防烟分区、设备区走道防烟分区排烟联动正确。(9) 气灭联动正确。

当车站站厅防火防烟分区发生火灾时，立即关闭送、回风系统，该区排烟风机启动进行机械排烟。

当车站站台发生火灾时，关闭站厅层回/排风管上的电动阀，站台层回/排风兼排烟管上的电动阀切换至全开状态，开启车站着火区域的排烟风机，利用站台的回/排风管向地面排烟，同时站厅层的组合式空调机组开启，通过电动阀的控制，对站厅层送风，保证站台向上疏散的楼梯口、扶梯口形成向下不低于 1.5m/s 风速的气流，让乘客迎着气流方向撤向站厅和地面。

当公共区发生火灾时，关闭车站无关的小系统和水系统，车控室立即进行加压送风。

当管理用房及设备用房发生火灾时，大系统停止运行，小系统按设定火灾模式运行，立即组织机械排烟或隔断火源和烟气；与火灾相邻的内通道，设有排烟系统的立即进行排烟；着火区所在端的内走道和车控室立即进行加压送风；气体保护房间执行气体保护模式。对用气体灭火的房间设排风及送风系统。

（二）车站通风空调大系统模式测试

车站通风空调大系统的目的是满足乘客过渡性舒适温度、湿度要求。通风空调大系统由组合式空调机组、回/排风机、小新风机、相应的控制风阀、风道等组成；具有小新风空调、全新风空调、全通风三种运行模式。当室外新风焓值大于车站的回风焓值时，回风与部分新风在组合式空调机组的混合段，经处理后送入站厅、站台公共区，即小新风空调运行模式。当室外新风焓值小于或等于车站回风混合点焓值，且其干球温度大于空调送风点温度时，采用全新风，即全新风空调运行模式。当室外新风的温度小于空调送风点的温度时，新风不经冷却处理，利用组合式空调机组直接送至车站公共区，即全通风运行模式。

车站通风空调大系统模式测试要求：(1) 车站通风空调大系统各种模式执行正常。(2) 综合监控工作站监控界面显示正确。

（三）车站通风空调小系统模式测试

车站管理用房及设备用房的通风空调小系统的目的是满足管理用房及设备用房的温度、湿度的要求。车站控制室等管理用房及设备用房系统，要求设置舒适性空调，配备若干个柜式空调机器、送风机、风阀等，根据管理用房及设备用房、车控室的需要，进行小系统送排风运行，满足各个房间人员、设备对温度、湿度的要求。

车站通风空调小系统模式测试要求：（1）车站通风空调小系统各种模式执行正常。（2）综合监控工作站监控界面显示正确。

（四）区间隧道通风模式测试

区间隧道通风模式测试要求：（1）区间隧道通风综合监控界面图元与实际设备一致，区间隧道通风模式执行及停止成功，信息反馈正确。（2）射流风机图元正确，控制正常。（3）报警事件记录正确。

第三节　地铁综合监控联调记录

地铁综合监控联调过程中，需要详细记录联调情况，控制中心及车站综合监控与FAS联调记录表如表2-1所示。

控制中心及车站综合监控与FAS联调记录表　　　　表2-1

序号	测试内容	测试要求	测试结果	备注
1	中心及车站ISCS画面准备	中心及车站可以正常登录并切换到相应画面	□合格　□不合格	
		ISCS正常显示FAS设备状态	□合格　□不合格	
		ISCS工作站FAS设备图形状态和故障信息与实际一致	□合格　□不合格	
		ISCS工作站FAS报警列表信息与实际一致	□合格　□不合格	
2	感烟探测器状态是否正常显示	ISCS画面正常显示感烟探测器状态	□合格　□不合格	
		车站FAS主机正常显示感烟探测器状态	□合格　□不合格	
3	感温探测器状态是否正常显示	ISCS画面正常显示感温探测器状态	□合格　□不合格	
		车站FAS主机正常显示感温探测器状态	□合格　□不合格	
4	手动报警按钮状态是否正常显示	ISCS画面正常显示手动报警按钮状态	□合格　□不合格	
		车站FAS主机正常显示手动报警按钮状态	□合格　□不合格	
5	FAS主机状态是否正常显示	ISCS画面正常显示、操作FAS主机状态	□合格　□不合格	
		车站FAS主机正常显示FAS主机状态	□合格　□不合格	
6	FAS切非状态是否正常显示	ISCS画面正常显示FAS模块箱状态	□合格　□不合格	
		车站FAS主机正常显示FAS模块箱状态	□合格　□不合格	
7	ISCS监视FAS其他设备（非消防电源、消火栓、警铃等）状态	ISCS画面正常显示FAS其他设备（非消防电源、消火栓、警铃等）状态	□合格　□不合格	
		车站FAS主机正常显示FAS其他设备（非消防电源、消火栓、警铃等）状态	□合格　□不合格	

第四节　地铁综合监控系统144小时连续性、可靠性测试

地铁综合监控144小时连续性可靠性测试是为了验证综合监控综合联调集成的功能和安全可靠性，满足运营的要求。

一、地铁综合监控系统144小时连续性测试内容

地铁综合监控系统144小时连续性测试包括综合监控集成的系统测试，即综合监控系

统、综合监控与环境与设备监控系统、综合监控与火灾自动报警系统、综合监控与门禁系统、综合监控与站台门系统、综合监控与广播系统、综合监控与乘客信息系统、综合监控与自动售检票系统、综合监控与时钟系统、综合监控与电力监控系统、综合监控系统操作等相关系统和设备144小时连续性联合测试。

（一）综合监控系统144小时连续性测试内容

1. 系统网络图显示：变位状态及报警信息应与实际设备状态一致。

2. 系统通信中断显示：是否产生告警信息，变位状态及报警信息应与实际设备状态一致。

3. 服务器双机冗余：服务器的双机设备是否避免单点故障造成的系统瘫痪和切换或任务接管时应保证实时数据的连续性和完整性。

4. 联动功能：ISCS接收处理接口系统的报警/状态触发信息，然后自动发送相关的控制命令到需要联动的接口系统而无需人员干涉。

（二）综合监控与环境与设备监控系统144小时连续性测试内容

1. 单点控制：能从被控制对象所在图形画面选择一个对象进行遥控操作。

2. 模式控制：ISCS将从BAS中获得模式状态，并显示在模式表中。ISCS的人机界面上应有每个模式号下对应设备的对照表，在模式执行过程中有实时的设备状态返信与目标状态的返信，用不同的颜色进行表示。

3. 时间表调度：预先设置的日期和时间进行触发，时间表程序可按每1天或每6h触发一次。

4. 系统联动控：系统内部或子系统之间的自动或半自动的触发控制。

5. 系统参数修改：包括报警限值修改、时间表修改等。

6. 控制方式选择：当中心级选择中心控制方式且某车站级控制方式与中心级吻合时，中心级具有控制车站ISCS的权限；当中心级选择车站级控制方式时，控制权限下放至车站；控制权限为车站级优先。

7. 监视功能：综合显示机电设备的运行状态、故障报警、维护状态、设备运行累计、设备开启次数等；分画图显示（可分区域、分系统显示车站环控设备、车站设备、动力照明、自动扶梯的运行状态和故障状态）；趋势图显示（趋势图描述各车站环境温度、湿度等参数的变化规律，为管理人员提供全线车站的环境指标，以确定调控方案）。

（三）综合监控与火灾自动报警系统144小时连续性测试内容

1. 车站级监视功能测试：监视车站管辖范围内灾情，采集火灾信息；显示火灾报警点运行状态及所在位置画面；连接车站FAS控制器接收气体自动灭火区域的火警及各种状态信息。

2. 联动控制功能测试：火灾自动报警与ISCS、BAS、PIS等的联动功能测试。

（四）综合监控与门禁系统144小时连续性测试内容

1. 车站ISCS工作站正确显示门禁设备状态点、报警信息。

2. 综合监控工作台显示功能（展示事件发生的地理位置、门的位置）正确；动态图标（点击图标方便地对系统部件发出指令和完成相关的任务）正确。

3. 综合监控对门磁进行遥控正确，观察门体显示功能正确。

第二章　地铁综合监控系统联调

（五）综合监控与站台门系统 144 小时连续性测试内容

1. 设备状态监视：ISCS 根据点表监视 PSD 设备状态和故障报警：

（1）状态信息：滑动门方式（每个滑动门）、滑动门完全打开（每个滑动门）、滑动门完全关闭（每个滑动门）、应急门完全关闭（每个应急门）、端门完全关闭（每个端门）、IBP 开门命令（每侧站台）、IBP 关门命令（每侧站台）、PSL 开门命令（每侧站台）、PSL 关门命令（每侧站台）、SIG 开门命令（每侧站台）、SIG 关门命令（每侧站台）。

（2）报警信息：应急门开门报警、端门开门报警、滑动门开门报警（每侧站台）、滑动门关门报警（每侧站台）、互锁接触（每侧站台）、驱动电源输入故障（每个车站）、控制电源输入故障（每个车站）、驱动电源故障（每个车站）。

2. 时钟同步：ISCS 按约定好的数据格式（时钟信息）发送；PSD 接收时钟同步信息并执行。

（六）综合监控与广播系统 144 小时连续性测试内容

1. 设备监视：ISCS 每隔一段时间（500ms），采集下列数据：车站广播分区状态/PA 设备状态；PA 按约定好的数据格式反馈。

2. 监听广播信息：ISCS 按约定好的数据格式发送监听广播信息、广播区号及操作员编号；PA 接收指令并传输正在该区播放的语音广播内容或录制的信息内容传到综合监控系统。

3. 广播范围选择：ISCS 上选择一区或多区，一站、多站或全线广播范围，按约定好的数据格式发送广播区；PA 执行 ISCS 广播控制命令。

4. 话筒广播：ISCS 按约定好的数据格式发送话筒广播指令、广播区号、操作员编号；PA 接收指令后，传送音频信息到选定的广播区提供话筒播放。

5. 关闭 PA 广播区：ISCS 按约定好的数据格式发送话筒广播指令、广播区号、操作员编号；PA 接收指令后，关闭广播区。

6. 预录制信息广播（仅播放一次）：ISCS 按约定好的数据格式发送预录制信息广播（仅播放一次）、广播区号及操作员编号；PA 接收指令并将选择的广播信息在选定的广播区播放一次。

7. 广播系统信源与优先级状态：ISCS 接收广播系统信源与优先级状态后，在人机界面上提供提示。

8. 信息广播优先权：ISCS 传送广播指令同时应包括操作员编号；PA 接收操作员编号并按照控制根据优先权列表处理信息广播。

9. 信息广播记录：ISCS 记录信息广播的资料，包括广播时间、广播信息编号、广播类型、发出广播的操作员、选择的广播区、播放的广播区等；PA 按约定好的数据格式传送选择的广播区的状态给综合监控系统。

（七）综合监控与乘客信息系统 144 小时连续性测试内容

1. 设备状态监控及信息反馈：ISCS 每隔一定时间（500ms），采集下列数据：PIS 系统工作状态，PIS 按约定好的数据格式将系统内设备工作状态、播放信息反馈。

2. 预定义正常和紧急文本信息：ISCS 按预定好的数据格式发送信息号和信息文本内容；PIS 按约定好的数据格式，接收信息号和文本信息并执行。

（八）综合监控与自动售检票系统 144 小时连续性测试内容

1. 状态监视和故障报警：ISCS 每隔 500ms 向 AFC 召唤 1 次车站终端设备状态监控点

信息全部数据。

2. AFC系统运行模式信息；本站已统计的客流信息。

3. 紧急后备操（IBP）：根据IBP发出的指令，对AFC设备进行紧急控制（如闸机紧急释放等）；AFC反馈接收确认信号给IBP。

（九）综合监控与时钟系统144小时连续性测试内容

时钟同步：中心FEP接收时钟系统提供的秒级标准同步时钟信号，统一ISCS系统内部时钟，中心级1SCS与车站级ISCS内部自行对时。

（十）综合监控与电力监控系统测试

遥信功能测试：变电所将各种设备的运行状态和信息实时地传送到控制中心的综合监控系统，实现控制中心通过操作员工作站对各变电所供电设备运行状态的监视。在操作员工作站上动态模拟开关状态的显示颜色：合闸为红色，分闸为绿色。

遥测功能测试：对变电所主要电源、电压、功率、电度、主变温度等模拟量或电度量和保护装置的参数设定值、保动作值等数字量进行实时采集，并使模拟量在监视器的主接线画面上或通过窗口等方式动态显示并可打印出来。对变压器过负荷情况和出现时间，各种模拟量的极值和出现时间进行统计，并对越限量报警。

遥控功能测试：控制中心自动化系统可对全线各变电所内任何一个可遥控的对象进行合、分遥控。

用户画面显示功能测试：供电设施分布示意图；监控系统构成示意图；变电所综合自动化系统构成示意图；各变电所主接线和接触网线路图；程控显示画面；遥测曲线画面；电度量直方图；日报报表、月报报表、年报报表；越/复限统计报表；操作记录表；警报细目画面。

打印及画面拷贝功能测试：支持对图形、报表、曲线、报警信息、各种统计计算结果等的打印。

SOE记录测试：系统可以各种方式（按不同变电所、时间、事故源对象等）查询、分析和打印SOE记录。

口令功能测试：对各等级的运行管理人员进行口令级别设置，以确定管理人员的管理范围，管理人员岗位交接班时用口令替换形式完成。口令级可分为操作员级、应用软件级（包括数据库）、系统软件级等。

（十一）综合监控系统操作144小时连续性测试内容

1. 登陆登出管理：进行登陆、登出，查证系统依据登陆者身份授予正确的权限，查证登录操作成功与否都将被作为事件记录。

2. 报警信息显示：检查不同类型的报警（包括失电、单端供电、火灾报警、温度湿度超高、电流电压超高、列车延误等），确定报警描述容易理解，报警在报警列表中优先级显示颜色正确、报警声响正确、报警在相关人机界面图显示正确。

3. 报警接收及确认：检查可从线路接收到的报警，报警确认机制运作正常。

4. 报警查询及过滤：检查可在报警列表查询所有报警，并可实现不同报警查询过滤方法。

5. 事件记录查询过滤：检查可在事件列表查询所有事件记录，可实现不同事件查询过滤方法，事件记录齐全。

6. 打印管理：检查可打印报警列表、事件列表、工作站显示画面至打印机或电子文档。

7. 人工生成报表：从已预定的报表选择，人工生成指定的报表，核对报表格式和数据是否正确。

8. 自动按时生成报表：编订自动生成报表时间，检查系统报表统按时生成报表，核对报表格式和数据是否正确。

9. 实时趋势监视：监视实时趋势图的 8 条趋势线，检查趋势线实时更新，数据显示正确。

10. 历史趋势图数据点定义：选择历史趋势图，定义 8 个同类型的模拟数据点（例如不同车站温度）。

11. 历史趋势图监视：选择历史趋势图和监视时段，查看 8 个数据点在选择时段内的历史趋势，打印，并检查数据显示合理。

12. 在线帮助：选择帮助菜单，选择使用帮助，检查帮助信息的结构和内容是否方便及容易理解。

13. 权限在线编辑：通过 ISCS 的权限配置编辑器在工作站上配置操作员的角色和权限。

14. 数据备份：监察后备中心服务器是否每天正确进行数据备份。

15. 重新启动工作站：查证只有相关权限的人员才可重新启动工作站。

16. 用户管理：创建新用户、修改现有用户资料，如登录密码、删除旧用户。

17. 创建报表：报表内容可以包括模拟信号的统计数表、数字输入信号的统计、数字输出信号的统计、系统故障诊断清单、通信通道故障统计表、操作员工作记录清单、维修记录清单、工作票记录、以单个站、多个站、以全线、以多线为范围进行的统计组合。

18. 历史数据存档：把历史数据存储到外部存储介质上（DVD、磁带）。

19. 历史数据恢复：把已存档于 DVD、磁带上的历史数据恢复到系统上，查证正确，然后清除已恢复的历史数据。

20. 数据点人工置数：操作员可以通过操作命令人工设置开关量输入点（遥信点）的状态，当设置数据点为人工置数状态时，数据点将不刷新它的值。当删除数据点的人工置数状态时，数据点将恢复刷新它的值。

二、地铁综合监控系统 144 小时连续性、可靠性测试要求

《轨道交通综合监控系统工程技术标准》GB/T 50636—2018 要求当出现下列情况时，应终止不间断运行测试，整改后重新进行：

1. 系统硬件未出现故障的情况下，软件运行异常，导致全部或部分功能丧失，且运行异常时间超过 5min 时。

2. 系统配置的冗余设备同时发生故障，导致全部或部分功能丧失，且故障时间超过 5min 时。

3. 综合监控系统因自身系统故障导致失去单个车站、车辆段或停车场的单个接口专业全部监控功能，且故障时间超过 5min 时。

第五节　地铁综合监控联合调试中部分常见问题

综合监控系统联调过程中，涉及专业多，涉及设备多，涉及调试人员多，经常出现一些问题，如何处理好这些问题，直接影响到联合调试的效率和质量。下面将综合监控系统联合调试中部分常见问题归纳（部分问题属于车站机电单机调试不到位），如表2-2所示。

综合监控系统联合调试中部分常见问题　　　　表2-2

序号	类别	综合监控系统联合调试中部分常见问题	问题处理	备注
1	联调组织	联调组织不力，缺乏有效协调； 联调信息不通畅，联调计划不周； 车站机电配合不积极； 厂家调试人员未到位； 车站变电所机电线管防火封堵未完成	联调单位加强管理协调组织	
2	设计变更	风水电提资不周全，风机变更多； 风水电提资不周全，风阀增减数量多； 智能低压变更多	设计单位处理	
3	风阀	现场为三档，ISCS为两档； 风阀与风机联锁线接错； BAS模块箱潮湿严重，无法测试； IBP盘强启后，风机联锁风阀打不开； 联锁风阀故障，不能测试； 连锁线已接，但不通； ISCS收不到现场设备状态反馈； 综合监控编号与现场对应设备编号不一致； 现场控制关阀，阀片关不到位； 风阀与风机无关联锁反馈信号； 组合风阀执行器拉杆被区间水管阻挡，风阀开不到位； 风阀现场编号与FAS工作站不一致； 风阀与ISCS人机界面编号不一致； 电动风阀无法实现远程控关，现场需短接方实现远程控关； 电动风阀就地启动，继电器不断吸合、释放； 风阀无检修空间	厂家和调试人员处理	
4	风机	风机异响严重； 排烟风机抽屉柜故障，无法启动； 排烟风机相应排烟阀无反馈信号； 排烟风机现场风机手操箱启动无动作； 小新风机XXF-B，ISCS人机界面无此设备； 小系统排烟风机环控柜有故障，但现场手操箱无故障显示； 小系统风机就地无法启动； 小系统风机远方启动风机，风阀联锁功能失败； 大系统回排风机就地启动，ISCS无信息反馈； 事故风机启动，ISCS界面无显示； 排热风机UOF-B，ISCS无法控制； 专用排烟风机IBP盘无法强启； 排烟风机关联锁信号不通； 事故风机振动模块程序有误，数据无法上传至ISCS； 事故风机轴温、绕组温度仪损坏； 排烟风机FAS收不到故障反馈； 隧道系统组合风阀开不到位，致使事故风机无法启动； 风机仪表箱故障	厂家和调试人员处理	

续表

序号	类别	综合监控系统联合调试中部分常见问题	问题处理	备注
5	大系统组合空调器	ISCS 远程无法控制开关； 大系统环控变频启动，ISCS 界面无频率反馈	厂家和调试人员处理	
6	环控	环控柜端子排损坏； 事故风机环控启动 400V 跳闸； 排热风机 UOF 变频运行，风机控制柜显"工频"运行； 事故风机 TVF-B1、TVF-B2 风机控制柜与风阀联锁故障； 专用排烟风机 PY-A2 启动，IBP 盘运行指示灯不亮，且环控柜抽屉无法拔出； 小系统风机 Xk-A6 风机就地启动，风机未运行，但运行指示灯亮； 小系统风机 PF-A10 手操箱打环控时，环控柜收不到状态反馈； 风阀 DT-Xk-A5、DT-Xk-A6 远程无法控制； 风阀 DT-A12、DT-A18 ISCS 收不到风阀状态反馈	厂家和调试人员处理	
7	水泵	现场水泵控制箱已接远程控制线，但 ISCS 界面只监不控； BAS 模块箱空开损坏； 现场为一台泵，综合监控人机界面显示为两台泵； ISCS 无水泵现场状态反馈； 水泵控制箱现场只有一路电源，无法进行主备电源切换； 水泵无法远控； 水泵现场接触器异响； IBP 盘未强启消防泵时，备泵远程反馈已启动	厂家和调试人员处理	
8	照明回路	ISCS 界面显示照明开关与现场开关状态不一致； 远程控制照明一路时，现场照明两路同时开/关； 就地/远方状态与 ISCS 不一致；ISCS 不能远控； 照明回路 ALZ13-1kM/2kM/3kM、ALG11-1kM、ATLQ11-1kM 无法远程控制	厂家和调试人员处理	
9	扶梯	ISCS 人机界面与 IBP 盘扶梯编号不一致； ISCS 人机界面、IBP 盘显示扶梯状况，与现场扶梯状况不一致； 扶梯 E11、E12IBP 盘与扶梯"紧急停止"线缆接线错误	厂家和调试人员处理	
10	PSD 系统	上行滑动门 ASD5，LCB 盒损坏； 行滑动门 ASD5，"手动解锁"报"门控单元故障"	厂家和调试人员处理	
11	AFC	IBP 盘闸机状态与现场实际不一致； IBP 盘紧急释放按钮反馈灯不亮； 火灾状态下 IBP 盘强启无法打开 AFC 闸机； 闸机状态指示灯显示不正确，IBP 盘释放状态指示灯不亮	厂家和调试人员处理	
12	EPS	400V 开关柜对应的抽屉柜损坏	厂家处理	
13	IBP 盘	IBP 盘启动风机功能不能实现； IBP 强启时，现场风机无动作； IBP 盘不能控制 PSD 首末端门打开； ISCS 人机界面与 IBP 盘扶梯编号不一致； IBP 盘扶梯编号与现场不一致	调试人员处理	
14	通信	ISCS 工作站只能看到部分摄像头状态； 播放话筒广播、语音广播、线路广播、广播监听、TTS 广播时，广播区播音状态均显示空闲，与实际不符； 扬声器不响； 摄像机处于离线状态； ISCS 广播分区上、下行与广播分区不一致	调试人员处理	

续表

序号	类别	综合监控系统联合调试中部分常见问题	问题处理	备注
15	门禁	门禁系统：ISCS人机界面显示开门5s后门显示关门状态，现场实际门处于打开状态； 门禁房间现场紧急出门按钮按下后，磁力锁断电，ACS界面显示安全状态，只有在推开门时才显示"强行开门"状态； 站厅A端客服中心1磁力锁状态指示灯一直亮红灯，与开关门状态不一致； IBP盘紧急释放后，IBP盘上A、B端紧急释放灯不亮；同时，ISCS人机界面上只有部分门禁房间显示强开状态； 磁力锁与衔铁不能完全贴合； 专用通信设备室、消防专用通道在常开门情况下，就地、ACS界面均无"常开报警"；同时，紧急出门按钮按下后，ACS无"强开报警"反馈； 厅A端站长室、气瓶间、AFC设备室现场关门后ACS界面无安全状态反馈，ISCS界面一直显示"常开报警"； 门禁房间，读卡器刷卡及出门按钮开门时，ISCS人机界面显示开门5s后，门显示处于关闭状态，而现场实际为开门状态	调试人员处理	
16	消防联动	站厅回排风管口风速不平衡，排烟时间长； 站台火灾模式下风阀手操箱显示开启，风阀叶片未动作到位，致使风管法兰开裂； 站台火灾工况，环控机房、新风室大量窜烟，且通过新风室窜至站厅公共区； 站厅火灾工况，车控室旁走道、环控机房、新风室大量窜烟	车站和调试人员处理	
17	模式验证	小系统模式状态下，小系统风机与风阀联锁关系不正常； ISCS收不到风阀反馈状态； 风阀执行器动作，但叶片未动作； 风阀与风机关联锁有问题，致使风阀不能关闭； 大系统通风模式，送风、回风效果不佳； 模式验证小系统B2、A5、A7模式风阀与风机逻辑关系不正确	调试人员处理	

第三章 地铁车站消防设备系统联动

第一节 地铁车站消防设备系统简介

一、地铁火灾自动报警系统（FAS）简介

地铁火灾自动报警系统（Automatic Fire Alarm System，简称FAS）是通过火灾燃烧物初起燃烧所产生的烟气、热量，由烟感、温感等探测器收集变为电流信号传递给火灾报警主机，火灾报警器立即以声、光、图、电流信号发出报警，按事先设置好的报警程序向相关系统提供信息和火灾应急操作。

地铁火灾自动报警系统包含地铁火灾探测报警系统、消防联动控制等，是地铁防火救灾工作进行自动化管理的系统之一。

地铁火灾自动报警系统设置中央级和车站级两级控制。中央级火灾自动报警系统应设置在控制中心。车站级火灾自动报警系统设置在车站控制室。FAS在车站级集成于ISCS，对轨道交通全线及各建筑进行火灾探测、报警和控制，即FAS负责实现火灾探测、向车站控制室及线路运营控制中心（Operating Control Center，简称OCC）发出火灾警报、报告火灾区域、与ISCS及BAS配合实现对火灾共用设备的联动控制并独立实现对专用消防设备的联动控制。

（一）FAS中央级功能

1. FAS中央级监控功能主要是监视地铁全线各车站、区间隧道、控制中心大楼、车辆段、停车场、主变电站等下属所有区域的火灾报警、消防联动和故障情况，在火灾发生时承担全线防灾指挥中心功能。

2. 自动采集、显示、记录、存储车站内的火灾信息，存储操作人员的各项记录，并能进行历史档案的管理。

3. 根据火灾发生的实际情况，可自动或手动选择预定方案，向车站级控制发出消防救灾指令和安全疏散命令，指挥救灾工作的开展。

4. 设置火灾报警外线电话，并与119报警台通报有关车站的火灾灾情。

5. 接受主时钟的信息，使FAS时钟与主时钟同步。

6. 火灾报警时，中央级图形计算机自动弹出相应报警区域的平面图，并发出声光报警。火灾报警具有高优先级，当同时存在火灾及其他报警时，会优先报火警。

（二）FAS车站级功能

FAS系统车站级由火灾报警控制器、各种火灾探测器、手动火灾报警按钮（带电话插孔）、消火栓按钮、消防专用电话、监视和控制模块等构成。FAS的车站级功能主要有监视、报警、控制以及与其他系统的联动等功能，如：

1. 监视模式。
2. 报警模式。
3. 消防联动模式。
4. 防灾通信模式。
5. 防灾报警分机集成化功能。
6. 防灾报警分机之间网络通信功能。

FAS 与相关专业联动设备有：排烟风机、电动风阀、防火阀、消防泵、消防水池、喷淋泵、广播系统、门禁系统、自动售检票系统、气体灭火系统、防火卷帘、应急照明系统、400V 低压柜或配电箱（切非）、垂直电梯等。

FAS 与广播系统联动：（1）正常模式下的广播联动由 ISCS 实现。（2）火灾时消防广播联动由 FAS 直接联动广播系统，同时进行声光警报器与广播的轮播。（3）区间发生火灾时，相邻两车站均联动广播，由 ISCS 进行联动。

FAS 火灾模式：火灾模式有车站站台火灾模式、车站站厅火灾模式、车站气体灭火房间火灾模式、区间火灾模式；当火灾发生时，FAS 通过控制盘的通信接口，直接向 BAS 发出火灾命令，由 BAS 自动启动相关模式，从而控制防排烟及其他消防设备进入救灾状态，同时将模式指令发送给 MCS，MCS 收到模式指令后，由正常运行模式转为火灾运行模式，监视设备的状态；综合监控（ISCS）根据现场报警、列车位置等有关信息，使行车指挥、防灾和安全等子系统协调工作。为保证安全，在每个车站车控室设置统一、综合的紧急后备控制盘（IBP），可直接手动启动火灾模式。

二、气体自动灭火系统简介

地铁车站气体自动灭火系统用于对不适合水消防的重要设备用房进行保护，如车站通信设备室、弱电综合电源室、车站计算机房、信号设备室、车站控制室、通风空调集中配电室、0.4kV 开关柜室、降压所、1500V 直流开关柜室、整流变压器室、低压配电室等；常用七氟丙烷（HFC-227）、IG541（52％N_2、40％Ar、8％CO_2 组成的混合气体）作为灭火剂，灭火机理以窒息灭火为主，即全淹没方式灭火：在规定的时间里向防护区域喷射一定浓度的混合气体，并使其均匀地充满防护区窒息达到灭火的系统。

七氟丙烷（HFC-227）灭火剂分子式为 CF_3CHFCF_3，其特点是无色、无味、不导电、无二次污染，对臭氧层的耗损潜能值（ODP）为零，满足环保要求。

IG541（52％N_2、40％Ar、8％CO_2 组成的混合气体）是一种无色、无味、无毒、不导电的气体，臭氧耗损潜能值 ODP=0，温室效应潜能值 GWP=0，其在大气中存留的时间很短，是一种绿色环保型灭火剂。IG541 气体自动灭火由喷头释放 IG541 灭火剂到防护区，通过降低防护区内的氧气浓度（由空气正常含量的 21％降至 12.5％），使燃烧物不能维持燃烧而熄灭。

气体自动灭火系统一般由管网系统、报警控制系统组成。气体管网系统由灭火剂储瓶、启动氮气瓶、启动装置、高压软管、安全阀、单向阀、减压装置、选择阀、压力开关、管道、喷头等组成。系统采用氮气驱动开启灭火剂储瓶，气体启动工作压力为 6.0MPa。气体输送管道从灭火剂储气瓶高压软管出口至选择阀管道，最大工作压力为 17.2MPa（50℃时）；从选择阀出口至防护区气体释放喷头的管道，最大工作压力为 8.7MPa。

气体报警控制系统由报警控制器、灭火控制器、探测器（点型感烟、感温）、警铃、蜂鸣器及闪灯、手动启动器、紧急止喷按钮、自动/手动转换开关和24VDC辅助电源箱等组成。

地铁车站的气体自动灭火系统一般具有火灾报警和自动灭火功能。在地铁正常运营时，由报警控制系统监视防护区的火警状态，在发生火灾时，能自动报警和按预先设定的控制方式启动管网系统通过喷头释放灭火剂，迅速扑灭防护区内的火灾。

当气体灭火防护区火灾发生时，气体灭火系统可采取自动控制、手动控制、机械应急操作三种启动方式。

（一）自动控制启动方式

1. 防护区内单一探测回路探测到火灾信号后，灭火控制器启动警铃，向火灾自动报警（FAS）系统发出火灾预报警信号。

2. 同一防护区内的气体灭火系统的报警控制器在收到防护区内两个不同性质探测器的火灾报警信号后，向该防护区的灭火控制器发出指令，启动设在该防护区域内外的蜂鸣器及闪灯，停止警铃动作，向火灾自动报警（FAS）系统输出火灾确认信号，并进入30s的延时状态，在延时过程中，报警控制器输出有源信号，关闭防护区防烟防火阀。

3. 如在延时阶段发现是系统误动作，或防护区确有火灾发生但仅使用手提式灭火器或其他移动灭火设备即可扑灭的情况下，工作人员可按住设在防护区门外灭火控制器上的紧急止喷按钮暂停释放气体（直到系统复位）。

4. 如果需要继续开启气体灭火系统，需紧急启动按钮，系统无延时，立即释放。

5. 当30s延时结束时，灭火控制器输出有源信号开启氮气启动瓶电磁阀，通过氮气启动瓶IG541灭火剂储瓶组以释放气体，气体通过管道输送到防护区。此时，压力开关上的触点，开关动作气体释放信号传至灭火控制器，并由灭火控制器将气体释放信号传至火灾自动报警（FAS）系统，同时灭火控制器启动防护区外的释放指示灯。防护区域门内外的蜂鸣器及闪灯，警告所有人员在灭火时间不能进入防护区域，以免发生意外。

6. 探测器报警后FAS主机下发该区对应火灾模式监视信号给BAS，同时会将该区报警点传给ISCS；气体喷洒时FAS主机会接收到防火阀关闭状态的监视信号，同时会将防火阀的状态传给ISCS。

7. BAS接收到FAS主机所发火灾模式后，通风设备执行相应的动作，设备状态会在ISCS平台中机电专业的画面中显示。

8. ISCS在BAS开始执行相应的火灾模式时，联动广播（PA）和乘客信息（PIS）、FAS主机所传来相应区域的报警点和气灭房间的防火阀的状态会在ISCS平台中火灾报警专业的画面中显示。

9. 待火灾报警解除后，在现场手动打开对应区域的防火阀。

BAS在ISCS平台中机电专业的画面中执行灾后恢复，待恢复完成后，在画面中找到对应区域的排气模式，并执行此模式。

（二）手动控制方式

自动灭火系统调到手动工作模式，接到手拉启动器的指令后，灭火器不经延时实施联动控制并释放灭火剂。

（三）机械应急操作

在自动控制和手动控制失效的情况下采取的一种应急操作，即通过 IG541 灭火剂储瓶头阀和选择阀上各加装的一个机械启动器，用人为的拉力开启系统释放灭火气体，通过管网至喷头，喷出气体灭火。

三、地铁水消防系统简介

水消防系统由车站水消防系统、区间隧道水消防系统和地铁车站商业区自动喷水灭火系统组成。

水消防灭火利用水对火源的冷却降温作用灭火，即当水与炽热的燃烧物接触时，在被加热和汽化的过程中，就会大量吸收燃烧物的热量，迫使燃烧物的温度大大降低而最终停止燃烧。其次是窒息作用，当水遇到炽热的燃烧物时会被加热和汽化，产生大量的水蒸气。水变成水蒸气后，体积急剧增大，大量水蒸气的产生，将排挤和阻止空气进入燃烧区，从而降低了燃烧区内氧气的含量，达到窒息灭火的作用。消防直流水枪射出的密集水流在机械力的作用下，具有强大的冲击力和动能。高压水流强烈地冲击燃烧物和火焰，可以冲散燃烧物，使燃烧强度显著减弱；水还可以冲断火焰，使之熄灭。

车站水消防系统采用消火栓给水系统，一般消火栓给水系统在站厅层和站台层形成环状管网，在车站两端分别用 DN150 管将站厅层、站台层消防给水管连接。消防水系统在市政给水水压不小于 0.30MPa 情况下，由市政给水管网给水。否则，由加压泵房给水。

消火栓口径为 65mm，水枪口径为 19mm，水龙带长度为 25m；消火栓每股水流流量不小于 5L/s，水柱的充实长度不小于 10m。

车站站厅层及设备区设单口单阀消火栓，消火栓间距不超过 30m；车站站台公共区双口双阀消火栓，间距不大于 50m；消火栓的布置确保车站内任何部位均有两股充实水柱同时到达。车站公共区、人行通道、设备及管理用房的消火栓箱均暗装。

消火箱一般上格设单口单阀消火栓，消防软管卷盘一套，下格设 4 具 5kg 的干粉灭火器。

车站水消防系统能在触发火灾报警后启动消防水泵，满足站厅公共区、设备区、出入口消火栓的两条水枪的充实水柱需要，消火栓消防水可同时到达车站任何部位，每一股水流流量不小于 5L/s，且充实水柱长度不小于 10m。

四、区间隧道水消防系统

区间隧道是指车站与相邻车站连接的行车隧道，分上行线和下行线两条隧道。

区间隧道水消防是每条隧道分别从相邻车站的消防环状管网上各接入 1 根 DN150 消防给水干管，沿区间隧道行车方向的一侧布置，使车站和区间形成环状消防供水管网。区间隧道内每间隔 50m 布置一个消火栓（消火栓栓口）。

当区间隧道发生火灾时，车站车控室值班人员通过环境与设备监控系统，检查和强行打开进入区间的消防管道前安装的手动/电动两用蝶阀，救援人员可在区间隧道消防栓口处接上水带和水枪进行灭火。车站站台两端（车站与区间交界处）各设置 4 套消防器材箱，每个消火箱内放 2 根 25m 长水龙带，配两支多功能水枪，水枪喷嘴口径为 19mm，供区间隧道灭火接消火栓使用。

五、自动喷水灭火系统

地铁自动喷水灭火系统一般为地铁车站站厅层端部的商场或地下停车场、地铁控制中心大楼灭火使用。地铁车站站台层、站厅层公共区一般不设自动喷水灭火系统。自动喷水灭火系统由车站火灾自动报警（FAS）系统控制。

第二节　地铁车站消防设备系统联动

车站消防联动设备系统经过初期车站相关设备接口功能联调、问题整改复测后，在具备基本消防模式联动功能的情况下进行联动测试。

（一）400V 切非联动测试

400V 切非联动测试要求：各区域消防联动低压配电柜切非动作正确。

（二）气灭报警联动测试

气灭报警联动测试要求：(1) 气灭防护区火警触发气灭释放程序正确。(2) 气灭防护区火警联动 FAS 动作正确。

（三）应急照明联动测试

应急照明联动测试要求：消防联动应急照明强启正确。

（四）探测器火警触发测试

探测器火警触发测试要求：探测器触发，FAS 报警信息正确。

（五）消防电话测试

消防电话测试要求：消防电话通话正常。

（六）消防广播联动测试

消防广播联动测试要求：火警联动消防广播播放正常。

（七）FAS—消防泵联动测试

FAS—消防泵联动测试要求：

1. 消火栓按钮启消防泵正常。

2. 消防泵状态信息测试：FAS 报警控制盘需对消防泵信号进行监视，包括就地状态、故障报警、运行状态、进水管压力［高（低）］、吸水管压力［高（低）］；稳压泵运行状态，故障状态。

(1) 就地状态：分别将1、2号消防泵打至就地状态，就地状态监视输入模块应在火灾报警控制盘显示就地状态；恢复至自动状态，模块恢复正常。

(2) 故障报警：分别将1、2号消防泵控制柜模拟至故障状态，故障状态监视输入模块应在火灾报警控制盘显示故障报文；泵故障处理完成，模块恢复正常。

(3) 运行状态：分别将1、2号消防泵启动，运行监视输入模块应在火灾报警控制盘显示运行状态报文；消防泵停止，模块恢复正常。

(4) 进水管压力［高（低）］、吸水管压力［高（低）］：水系统相关单位配合模拟出进水管压力［高（低）］、吸水管压力［高（低）］，此状态监视输入模块应在火灾报警控制盘显示报文信息；状态恢复，则模块恢复正常。

(5) 稳压泵运行状态：将稳压泵运行，运行监视模块应在火灾报警控制盘显示运行报文；停止运行状态，则模块恢复正常。

（6）稳压泵故障模块：稳压泵控制箱模拟故障状态，故障监视输入模块应在火灾报警控制盘显示故障报文；故障处理完成，则模块恢复正常。

3. 联动测试：

（1）消防泵手动激活测试：通过FAS控制盘手动启动消防泵模块，控制模块应输出24V，控制继电器输出无源干接点至消防泵控制柜，消防泵启动；通过FAS控制盘手动启动消防泵停止模块，控制模块应输出24V，控制继电器输出无源干接点至消防泵控制柜，消防泵停止。

（2）消防泵联动测试：通过模拟消火栓火警或者区域报警，FAS报警控制盘应能联动消防泵启动模块，控制模块应输出24V，控制继电器输出无源干接点至消防泵控制柜，消防泵启动。

（八）IBP—消防泵联动测试

IBP—消防泵联动测试要求：（1）综合后备盘消防泵启停泵控制正常。（2）综合后备盘消防水泵状态反馈正常。

（九）垂梯迫降联动测试

垂梯迫降联动测试要求：消防联动垂梯迫降正常。

（十）FAS—AFC联动测试

FAS—AFC联动测试要求：消防联动闸机释放正常。

（十一）FAS—ACS联动测试

FAS—ACS联动测试要求：消防联动门禁释放正常。

（十二）FAS—防火卷帘联动测试

FAS—防火卷帘联动测试要求：

（1）卷帘门故障测试：卷帘门厂家配合，通过对卷帘门控制器进行模拟故障，输出继电器无源干接点常闭信号，FAS系统故障输入模块接受常闭信号，FAS报警控制盘应显示故障信息。

（2）模块手动激活测试：通过FAS控制盘手动启动卷帘门半降和全降模块，控制模块应分别输出24V至卷帘门控制箱，卷帘门分别半降和全降。

（3）联动测试：卷帘门系统自动状态，通过模拟区域火警，联动卷帘门半降模块，模块输出24V，卷帘门应半降；卷帘门旁温感报警，联动卷帘门全降模块，模块输出24V，卷帘门应全降。

（十三）站台火灾联动测试

站台火灾联动测试是检测火灾自动报警系统、环境与设备监控系统、综合监控系统等联动动作的及时性、有效性和准确性；检测广播、乘客信息系统、闸机、疏散指示、应急照明、通风空调、垂直电梯、站台门、防火卷帘、门禁等设备联动运作情况；检测车站站台防排烟效果和关键指标。

站台火灾联动测试要求：火灾工况站台火灾报警触发正常，FAS主机火警报警正常；防排烟通风模式启动正常；垂梯迫降正常；400V非消防电源切除正常；事故应急照明强启正常；消防广播不间断循环播报；闸机释放正常；门禁释放正常；按下消防栓箱内消报按钮，车站消防水泵启泵正常；车站上/下行站台门受控正常；模拟感温电缆火灾报警，

FAS 主机中该火灾报警信号显示正常；放烟后，火灾报警正常，火灾模式执行正常，排烟效果好，无串烟情况。

火灾工况 ISCS 端收到 FAS 站台火灾报警；HMI 上显示报警信息；BAS 端收到 FAS 站台火灾报警；BAS 执行 FAS 发送的火灾模式、HMI 显示相应的火灾模式信号，并可查看模式设备执行情况；PIS 屏幕上显示紧急信息；400V 非消防电源切除，FAS 主机向 PA 发送紧急信号，PA 广播紧急疏散广播；FAS 主机向 AFC 发送紧急释放信号，AFC 闸机全开；FAS 主机向 ACS 发送门禁释放信号，ACS 门体全开；FAS 向电梯发送火灾信号，电梯归首，ISCS 可查看相关电梯状态。

（十四）站厅火灾联动测试

站厅火灾联动测试是检测火灾自动报警系统、环境与设备监控系统、综合监控系统等动作的及时性、有效性和准确性；检测广播、乘客信息系统、闸机、疏散指示、应急照明、通风空调、垂直电梯、防火卷帘、门禁等设备联动运作情况；检测车站站厅防、排烟效果和关键指标。

站厅火灾联动测试要求：火灾工况站厅火灾报警触发，FAS 主机火警报警，防排烟通风模式启动正常，垂梯迫降正常，400V 非消防电源切除正常，事故应急照明强启正常；消防广播不间断循环播报，闸机释放正常，门禁释放正常，按下消防栓箱内消报按钮，车站消防水泵启泵正常；放烟后，火灾报警正常，火灾模式执行正常，排烟效果好，无串烟情况。

火灾工况 ISCS 端收到 FAS 站厅火灾报警，HMI 上显示报警信息；BAS 端收到 FAS 站厅火灾报警，BAS 执行 FAS 发送的火灾模式、HMI 显示相应的火灾模式号，并可查看模式设备执行情况；ISCS 联动 PIS 发送紧急疏散命令，PIS 屏幕上显示紧急信息；400V 非消防电源切除；FAS 主机向 PA 发送紧急信号，PA 广播紧急疏散广播；FAS 主机向 AFC 发送紧急释放信号，AFC 闸机全开；FAS 主机向 ACS 发送门禁释放信号，ACS 门体全开；FAS 向电梯发送火灾信号，电梯归首，ISCS 可查看相关电梯状态。

（十五）设备区火灾（非气灭防护区）联动测试

设备区火灾（非气灭防护区）联动测试要求：(1) 设备区火灾报警触发，FAS 主机火警报警正常。(2) 防排烟通风模式启动正常。(3) 400V 非消防电源切除正常。(4) 事故应急照明强启正常。(5) 消防广播不间断循环播报。(6) 闸机释放正常。(7) 门禁释放正常。(8) 按下消防栓箱内消报按钮，车站消防水泵启泵正常。(9) 放烟后，火灾报警正常，火灾模式执行正常，排烟效果好，无串烟情况。

（十六）气体灭火房间火灾模式测试

气体灭火房间火灾模式测试是检测地下车站重要机电设备用房自动灭火系统启动的有效性和可靠性，满足在无人值守条件下的使用要求；确认自动灭火系统设备处于正常运行模式。

气体灭火房间火灾模式测试要求：(1) 探测器火警触发，防护区内两处不同性质火灾探测器探测到火灾信号后，就地控制盘启动保护区内、外的声光报警设备，向火灾自动报警系统输出火灾信息。(2) 气灭防护区火警、设备区火灾联动正常；关闭保护区防火阀的动作等应符合使用要求。(3) 被保护区设备用房，在车控室 IBP 盘上指示灯亮起。(4) 自动触发气灭倒计时释放正常，进入气体模拟"喷洒"灭火状态。(5) 气灭释放紧急停止正常。(6) 手动控制气灭释放正常。(7) 气灭防护区通风换气正常。

气体灭火房间火灾模式测试：

1. 防护区内的单一探测回路探测到火灾信号后，气控盘启动设在该保护区域内的警铃，同时向 FAS 系统提供火灾预报警信号。

2. 同一防护区内气体灭火系统的气控盘在收到防护区内两个不同性质探测器的火灾报警信号后，向该防护区的灭火控制器发出指令，启动设在该防护区域内外的声光报警器及闪灯，停止警铃动作，同时向 FAS 系统输出火灾确认信号，并进入 0～30s（可调）的延时状态。在延时过程中，气控盘输出有源信号关闭防护区全自动防火阀。

3. 0～30s（可调）延时结束时，气控盘输出有源信号至钢瓶选择阀上的电磁阀，通过氮气启动瓶启动 IG541 灭火剂储瓶瓶组以释放气体，气体通过管道进入防护区。压力开关上的触点开关动作并将信号传送至气控盘，并由气控盘将气体释放信号传至 FAS 系统，同时气控盘启动防护区外的释放指示灯。防护区域门内外的声光报警器及闪灯，在灭火期间将一直工作，警告所有人员不能进入保护区域，直至确认火灾已经扑灭。

4. 烟温报警后 FAS 主机下发该区对应火灾模式监视信号给 BAS，同时将该区报警点传给 ISCS；气体喷洒时 FAS 主机接收到防火阀关闭状态的监视信号，同时将防火阀的状态传给 ISCS。

5. BAS 接收到 FAS 主机所发火灾模式后，通风设备执行相应的动作，设备状态会在 ISCS 平台中机电专业的画面中显示。

6. ISCS 在 BAS 开始执行相应的火灾模式时，联动广播（PA）和乘客信息（PIS）、FAS 主机所传来相应区域的报警点和气灭房间的防火阀的状态在 ISCS 平台中火灾报警专业的画面中显示。

7. 待火灾报警解除后，在现场手动打开对应区域的防火阀。

8. BAS 在 ISCS 平台中机电专业的画面中执行灾后恢复，待恢复完成后，在画面中找到对应区域的排气模式，并执行此模式。

（十七）车站消防水系统测试

车站消防水系统测试是检测车站消防泵的启、停功能是否正常，检测车站水消防系统工作是否满足使用要求。

车站消防水系统测试要求：检测车站水消防系统需满足消防设计规范要求，即在触发火灾报警后消防水泵启动，站厅、站台公共区、设备区、出入口消火栓的设置满足两条水枪的充实水柱，同时到达车站任何部位，每一股水流流量不应小于 5L/s，且充实水柱长度不应小于 10m。

车站消防水系统测试：

1. 选择两处最不利点出入口消火栓作为测试点，并接好水带及水枪。
2. 检查消防泵组、FAS 等相关系统处于自动状态。
3. 相关测试人员就位后，启动消火栓箱内按钮。
4. 车控室收到火灾报警信号，消防泵启动。
5. 打开消火栓手柄阀门开始放水。
6. 水流通过水带、水枪射出，目测水柱射程，做好相关记录。
7. 完成测试后及时通知车控室停泵、FAS 复位，恢复直启按钮，关闭消火栓阀门等。

8. 检查消防水系统完好性，并清理现场。

（十八）列车区间火灾工况联动测试

列车区间火灾工况联动测试要求：列车在区间火灾工况下，区间两端车站环控设备、区间风速、风向、区间疏散指示标识等动作情况满足设计要求。（1）区间火灾模式执行正确；区间设备开启正确；（2）事件报警记录正常；（3）区间火灾时，设备联动情况及应急组织正常；（4）列车着火时，设备联动及应急组织正确。

区间火灾模式测试：ISCS 端收到 FAS 区间隧道火灾报警，ISCS 的 HMI 上显示报警信息并弹出相关火灾模式弹窗，中心调度点击执行；ISCS 向隧道相邻两站 BAS 发出隧道火灾模式命令，BAS 执行隧道火灾模式；BAS 在 ISCS 的 HMI 上显示相应的火灾模式号，并可查看模式设备执行情况；ISCS 向 PA 发送紧急信号，PA 广播紧急疏散广播；ISCS 联动 PIS 发送紧急疏散命令，PIS 屏幕上显示紧急疏散信息；区间火灾模式执行。

列车发生火灾模式测试：

1. 列车前进中发生火灾。
2. 现场总指挥向列车司机通告着火车厢号。
3. 列车停车，列车司机向控制中心报告列车位置及车头（或车尾）着火。
4. 控制中心根据司机报告在综合监控平台上选择"车头火灾"或"车尾火灾"模式。
5. 综合监控选择并下发区间火灾模式（启动相邻两站隧道通风模式，联动 PIS 和车站广播）。
6. 车站人员检查现场设备运营状态是否与模式相符。
7. 轨行区间停电，测试人员下轨行区测试风量。
8. 测试完成后，各系统恢复正常状态。

区间发生火灾模式测试：

1. 轨行区停电后，测试人员下轨行区触发感温光纤报警。
2. FAS 系统收到区间报警信息，并向综合监控发生区间火灾信息。
3. 综合监控接收到火灾信息。
4. 综合监控弹出联动对话框。
5. 综合监控选择并下发区间火灾模式（启动相邻两站隧道通风模式，联动 PIS 和车站广播）。
6. 车站人员检查现场设备运营状态是否与模式相符。
7. 轨行区间停电，测试人员下轨行区测试风量。
8. 测试完成后，各系统恢复正常状态。

（十九）列车区间阻塞工况联动测试

列车区间阻塞工况联动测试要求：列车在区间阻塞工况下，区间两端车站环控设备、区间风速、风向、区间疏散指示标识等动作情况满足设计要求。（1）区间阻塞通风模式启动正常。（2）区间阻塞时设备联动及应急组织正常。

列车区间阻塞工况联动测试：

1. 列车从××站××行出发开往××站。
2. 现场总指挥下达停车指令，列车确认停车。
3. 列车停车 210s 后，信号系统向综合监控发送阻塞信息。

4. 综合监控中心平台受到阻塞信息，弹出联动对话框。

5. 综合监控选择并下发阻塞模式（启动相邻两站隧道通风模式，联动 PIS 和车站广播）。

6. 车站人员检查现场设备运营状态是否与模式相符。

7. 供电区间接触轨停电，测试人员下轨行区测试风量。

8. 测试完成后，各系统恢复正常状态。

（二十）车站及区间火灾工况运营指挥测试

车站及区间火灾工况运营指挥测试是检测在车站及区间火灾情况下，各级运营指挥人员的处置过程是否正确；相关设备是否按设计要求启动并验证其能力。

车站及区间火灾工况运营指挥测试要求：根据火灾不同阶段，各级运营指挥人员、车站人员操作步骤、操作内容必须按预案执行。车站人员必须确保火灾工况下，车站火灾模式设施设备正常启动，并做好相应客流组织及疏导工作。

第三节 地铁消防设备系统联动记录

地铁消防设备系统联动需要详细记录，部分记录表如下：

（一）FAS 与 ISCS 调试记录表（见表 3-1）

FAS 与 ISCS 调试记录表 表 3-1

序号	测试内容	测试要求	测试结果	备注
1	FAS 主机界面	NUP-MODBUS 与 ISCS 通信正常；NUP 卡正常运行	□合格 □不合格	
		NUP-MODBUS 与 NCM 通信正常；NUP 可以正常接收 FAS 主机设备状态信号	□合格 □不合格	
2	ISCS	接收 NUP－MODBUS 数据信息 ISCS 图形系统会有设备状态信息显示	□合格 □不合格	

（二）FAS 与 AFC 调试记录表（见表 3-2）

FAS 与 AFC 调试记录表 表 3-2

序号	测试内容	测试要求	测试结果	备注
1	FAS 主机界面	模块没有开路、短路、离线故障，控制模块处于正常工作状态	□合格 □不合格	
		模块没有开路、短路、离线故障，监视模块处于正常工作状态	□合格 □不合格	
		消防联动时模块有 24V 输出，可以控制设备动作	□合格 □不合格	
		主机能够接收到联动设备反馈信息	□合格 □不合格	
2	AFC 设备主机	AFC 主机接收到 24V 直流控制信号后可以正常动作	□合格 □不合格	
		AFC 主机动作后提供无源干结点信号，可以提供反馈信号	□合格 □不合格	

（三）FAS 与消防泵调试记录表（见表 3-3）

FAS 与消防泵调试记录表　　　　　表 3-3

序号	测试内容	测试要求	测试结果	备注
1	FAS 主机界面	模块没有开路、短路、离线故障，控制模块处于正常工作状态	□合格　□不合格	
		模块没有开路、短路、离线故障，监视模块处于正常工作状态	□合格　□不合格	
		消防联动时模块有 24V 输出，控制消防泵启动	□合格　□不合格	
		主机能够接收到设备反馈信息，即接收消防泵启动状态信号、故障状态信号、手动状态信号、巡检报警状态	□合格　□不合格	
2	消防泵	消防泵提供独立的消防泵启动功能触点，接收到控制信号后可以正常启动消防泵	□合格　□不合格	
		消防泵提供开启状态信号、故障状态信号、手动状态信号、巡检报警状态信号，动作后可以提供反馈信号	□合格　□不合格	

（四）FAS 与切非调试记录表（见表 3-4）

FAS 与切非调试记录表　　　　　表 3-4

序号	测试内容	测试要求	测试结果	备注
1	FAS 主机界面	模块没有开路、短路、离线故障，控制模块处于正常工作状态	□合格　□不合格	
		模块没有开路、短路、离线故障，监视模块处于正常工作状态	□合格　□不合格	
		消防联动时模块有 24V 输出，控制 400V 低压柜内断路开关启动	□合格　□不合格	
		主机能够接收到联动设备反馈信息，即接收 400V 低压柜内断路开关启动状态信号	□合格　□不合格	
2	切非 400V 低压柜	切非 400V 低压柜提供开关状态信号，接收到控制信号后可以正常动作	□合格　□不合格	
		切非 400V 低压柜提供切非中间继电器启动触点，动作后可以提供反馈信号	□合格　□不合格	

第四节　地铁火灾自动报警系统 144 小时连续性、可靠性测试

《城市轨道交通试运营基本条件》GB/T 30013—2013 要求火灾自动报警系统"宜进行 144 小时测试"。

火灾自动报警系统 144 小时连续性、可靠性测试，目前还没有统一标准，下面收录了一些单位进行的测试，仅供参考。

一、144 小时连续性可靠性测试内容

1. 检查中央级、车站级系统工作情况，及时发现非正常情况并记录；检查中央级、车站级功能是否符合有关技术合同和规范、设计要求；进行控制中心网络测试、报警功能测试、与 BAS、ISCS 联动功能测试。

2. 车站级监视功能测试：监视车站管辖范围内灾情，采集火灾信息；显示火灾报警点运行状态及所在位置画面；连接车站 FAS 控制器接收气体自动灭火区域的火警及各种状态信息。

3. 联动控制功能测试：火灾自动报警系统与 ISCS、BAS、PIS、气体灭火等的联动功能符合设计要求。

二、144 小时连续性、可靠性测试要求

火灾自动报警系统 144 小时连续性、可靠性测试，不能出现任何非外在因素导致的严重故障，如：

1. 控制器不能正常工作。
2. 图形监视计算机不能正常工作，故障在 1h 内不能消除。
3. 控制器内一条及一条以上回路不能正常工作。
4. 控制中心图形控制计算机不能正常工作，故障 1h 内不能消除。
5. 消防联动控制器不能正常工作。
6. 系统网络故障瘫痪，在 1h 内不能恢复工作。

火灾自动报警系统 144 小时连续性测试期间，出现上述严重故障之一，测试为不合格，应中止测试，整改后重新进行。

第五节　地铁消防第三方检测

地铁消防工程施工及调试完成后，一般要进行第三方检测，发现问题和解决问题，以保证工程质量可靠性，满足消防验收要求。

地铁消防第三方检测一般内容有：

1. 火灾自动报警系统检测：根据现行国家标准《火灾自动报警系统施工及验收规范》GB 50166、《火灾自动报警系统设计规范》GB 50116，现场检测火灾报警系统（火灾报警控制器、感烟及感温探测器、手报等报警设备）安装及调试完成情况，FAS 系统与 BAS 系统联动功能测试。

2. 水消防系统检测：根据现行国家标准《消防给水及消火栓系统技术规范》GB 50974，现场检测消火栓系统（包括消防泵、稳压设施、消防管道、室内消火栓及其组件）安装完成情况及其各项功能测试（启泵功能、水压测试）。

3. 防排烟系统检测：根据现行国家标准《建筑设计防火规范》GB 50016 和《建筑消防设施检测技术规程》GA 503，现场检测防排烟系统（风机控制柜、排烟风机、排烟风管、排烟防火阀、排烟口等）安装情况及现场联动控制功能测试；并在联动情况下测试站内排烟风口风速及断面风速。

4. 防火分隔与安全疏散系统检测：根据现行国家标准《建筑设计防火规范》GB 50016、《地铁设计规范》GB 50157，《防火门》GB 12955 等，现场检测防火门及疏散指示安装情况、站内防火封堵（隔墙、电井、水井），线路穿管保护等。

5. 气体灭火系统检测：根据现行国家标准《气体灭火系统设计规范》GB 50370、《气体灭火系统施工及验收规范》GB 50263 等，现场检测气瓶间、气灭管网、气体控制盘、气灭主机等安装调试情况、模拟测试气体灭火系统启动功能。

6. 提供消防检测问题库，跟踪问题消缺情况。

7. 经检测合格后出消防检测报告。

第六节 地铁消防验收资料准备

1. 消防工程质量信息管理平台录入工程信息截屏打印。

2. 提供消防、土建、装修、设备安装、监理单位工商营业执照（三证合一）及资质复印件盖章（有效期内）。

3. 提供施工合同协议书复印件（施工单位盖章）。

4. 提供购销合同复印件（施工单位盖章），含封面、目录、施工范围、签章页。

5. 提供产品相关资料时，需提供产品目录及填写目录中相关内容。产品检测报告、认证书、合格证（原件）；消防产品质量合格证明文件复印件（须在有效期内）；消防产品购销合同盖甲乙双方红章以及骑缝章（包括水枪水带、应急灯、疏散标志、风机、感烟感温探头、防火门防火卷帘、灭火器、气体灭火等）；需提供产品 3C 认证书及消防产品身份信息标志（简称 S 标，黄色）；提供消防产品身份信息标志（简称 S 标，黄色）。

6. 提供消防隐蔽工程记录。

7. 提供消防设施标识化照片，采用 A4 幅面纸张彩色打印盖章，一页纸打印两张照片（消防水泵房布置、消防控制室、疏散出口位置、现场使用消防产品、管道及阀、风机/阀/口等）。

8. 提供现场完工照片：建筑出入口、消防水泵房布置、消防控制室、疏散出口位置、现场使用消防产品、管道及阀、风机/阀/口等。

9. 提供具有防火性能要求的建筑构件、建筑材料（含建筑保温材料）、装修材料符合国家标准或者行业标准的证明文件、出厂合格证复印件，消防产品身份信息标志（简称 S 标，黄色），涉及防火涂料的需提供防火涂料检测报告。

10. 提供土建、装修、设备安装竣工图纸，盖竣工图章。

11. 提供建设工程消防质量终身负责制登记表盖章（表上签名人员的身份证复印件及执业人员资质证书并盖章），表上人员与证件一致。

第七节 地铁车站消防设备系统联动中部分常见问题

车站消防设备系统联动中，会发现许多影响消防功能的问题，需要及时进行处理，以保证消防功能实现和消防验收顺利通过。表 3-5 是车站消防设备系统联动调试中部分常见问题。

车站消防设备系统联动调试中部分常见问题　　　　　　表3-5

序号	类别	车站消防设备系统联动调试中部分常见问题	问题处理	备注
1	FAS	电动防烟阀FD-A1、FD-A2、FD-B2模式执行不成功； 消防联动站台烟感损坏； ISCS收不到FAS系统"1点报警"或"2点报警"； 报警探测器报警点数，FAS主机与ISCS不一致； FAS主机回路接地故障报警； FAS与400V硬件接口中，供电400V配电抽屉一次电缆与FAS弱电线路存在交叉，产生感应电压，感应电压已超过FAS系统的正常工作电压（24V），存在烧坏FAS设备隐患； FAS、气灭主机均有部分故障未清零； 吸气管报火警故障； 广播电源故障； 400V切非接线端子带电压，无法接入回路； 400V联调时有箱号与名称不符，切非切到环控电源； 换乘站消防350M无线信号与相邻线路基站信号相互干扰； 车站FAS主机、气灭报警主机时钟与车站子钟未同步，误差较大	调试人员处理	
2	ISCS	ISCS无火灾报警后推图功能； ISCS收到火灾信息后无切换画面推图功能； 加压送风口没有联动打开	调试人员处理	
3	环控	排热风机UOF-B现场短路，无法启动； 消防联动站台火灾联动时，A端风口风速为8.7m/s、5.3m/s、2.4m/s；B端风口风速为0m/s，排烟不正常； 模式验证电动防烟阀FD-A1、FD-A2不动作； 电动防烟阀FD-Xk-B1-7、FD-PF-B3-3、FD-B1模式执行时显示故障； 站台火灾模式，模式对比表显示UOF-B/UOF-A为故障，但ISCS系统界面显示运行； 站内电梯回到底层无反馈	调试人员处理	
4	AFC	消防联动后，AFC紧急释放后无信息反馈给IBP盘	调试人员处理	
5	IBP	IBP盘紧急释放按钮按下后，ISCS人机界面上显示部分房间门禁未打开	调试人员处理	
6	切非	消防联动400V开关柜10-2无强切非反馈； 400V切非，400V开关柜12-7、12-8、14-2抽屉未动作； 消防联动后，400V开关柜进行消防切非，部分小系统风机断电，反馈初始状态给ISCS，与现场不一致	调试人员处理	
7	照明	消防联动站厅应急照明回路接线错误	调试人员处理	
8	模式	火灾模式站厅站台扶梯口截面风速达不到1.5m/s要求； 火灾模式下，公共区风口风速不平衡，排烟效果不佳，烟雾无法及时有效排出	调试人员处理	
9	气灭	环控电控室气灭泄压口方面装反； 泄压口被桥架挡住	安装单位处理	
10	水消防	消火栓系统试验消火栓压力不够； 联动试验没有将相关设备联动； 消防泵主备泵故障切换功能故障； 消火栓箱内的启泵按钮联动启动消防泵故障； 消火栓箱门的装修开启角度小于120°	调试人员处理	

第四章　地铁供电系统联调

第一节　地铁供电系统简介

地铁供电系统由电源系统（城市电网、主变电所）和牵引供电系统、动力供电系统和电力监控系统、杂散电流防护系统等组成。其中牵引供电系统包括牵引变电所和牵引网（接触网、接触轨）、回流网；动力供电系统包括降压变电所、环控所和动力照明配电系统。

电源系统（城市电网、主变电所）一般采用110/35kV两级电压集中供电方式，结合城市地区轨道交通规划线网，实现资源共享。

主变电站由城市电网提供两回路独立可靠的110kV进线电源，当一回路进线电源退出时，另一回路进线电源能承担该站正常供电范围内的牵引负荷和动力照明一级、二级负荷。

当一座主变电站退出时，相邻的主变电所能承担退出主变电站和参与支援主变电站正常供电范围内的牵引负荷和动力照明一级、二级负荷。

列车牵引供电系统包括变电所、接触网（接触轨）、车辆、回流网四个部分，牵引变电所通过变压器和整流器把35kV转换成750V或1500V直流电经馈线输送到接触网（接触轨）上，列车通过受电弓（受电靴）取电，经地铁车辆逆变器逆变（VVVF、SIV成交流电、分别给牵引电机和辅助照明系统供电），为列车提供牵引动力和辅助照明，再经车辆接地回流装置通过走行金属轮轨反馈到回流线，最终由回流线将电流反馈回牵引变电所。

牵引网总截面满足牵引网最大持续载流的需要，正常运行时，正线牵引网采用双边供电方式。当一座牵引变电所退出时，由相邻的牵引变所越区供电。

每座车站设置一座35kV/0.4kV降压所，规模较大的车站可增设35kV/0.4kV跟随式降压变电所。

每座牵引所及降压变电所都有两路独立可靠的进线电源，当一回路进线电源故障时，另一回路进线电源承担该所供电范围内的牵引负荷和环控、动力照明全部负荷。

环控室主要是为隧道风机、通风空调、冷冻站等影响环境的设备提供电源。

低压配电电压采用220V/380V，采用TN-S系统接地形式。

电力监控系统（Power SuperVisory Control and Data Acquisition，简称PSCADA）是通过通信数据通道及被控变电所综合自动化系统，实现对供电系统设备实时监控和调度。控制中心电力调度通过PSCADA工作站对110kV主变电所、牵引降压混合变电所、降压变电所、跟随变电所进行遥控、遥测、遥信和调度。

杂散电流对地铁内部及附件金属结构有腐蚀作用，正线每座牵引所设置一台排流柜实现杂散电流的极性排流。

杂散电流监控装置设置于牵引变电所排流柜内，杂散电流检测终端通过通信主干网构成环网，实现数据传输、控制。

第二节 地铁供电系统联调

地铁供电系统联调包括：接触网（接触轨）冷滑试验、接触网（接触轨）热滑试验、车辆与牵引供电系统间的短路试验、支援供电测试、双电源切换测试、变电所AC35kV备自投测试、AC400V备自投测试、牵引直流系统大双边供电测试、PSCADA35kV开关遥控、遥信及遥测功能测试、联跳功能测试、最大供电能力测试等。

(一) 冷滑试验

冷滑试验就是在接触网（轨）不受电的情况下，通过电力机车受电弓（受电靴）的滑行，对接触网（轨）进行动态试验检查。

检查正线车站、区间土建结构是否满足正线动车综合调试的需要；检测各专业安装的轨旁设备是否侵入设备界限；检查走行轨和接触网（轨）的几何尺寸安装是否满足设计要求，从而保证列车按规定的速度能够实现安全运行；检查通信系统有线、无线系统是否满足要求；检查道岔是否正常，即检查轨行线路、道岔、信号、行车指挥是否已具备行车条件；检查接触网（轨）、锚段关节（膨胀接头）、补偿装置、中心锚结、电连接等是否正常；冷滑试验的目的是检查供电系统工作状态是否正常。

(二) 热滑试验

热滑试验是在运营线路送电的情况下，依靠地铁试验列车自行运行，对地铁供电系统设备进行全面检测的试验方式。

为保证轨道交通列车上线的运行安全，在列车上线前进行供电系统、车辆热滑试验。热滑试验主要检测车辆受电弓（受电靴）取流是否良好，供电设备运行是否良好，以确保列车带电上线正常运行。

1. 通过热滑试验，确认车辆与接触网（接触轨）系统之间的配合是否具备列车开行条件。

2. 热滑试验电客车以低速（5~10km/h）、中速（20~40km/h）、高速（40~80km/h）进行往返热滑，检测线路、接触网（接触轨）设备在动荷载作用下结构是否牢固、可靠，是否满足设计标准。

3. 检查电客车在运行过程中受流情况，是否满足列车运行及各系统带电设备运行的需求，电客车各项操作与供电系统配合是否良好。

4. 检测接触网（接触轨）系统和回流系统回路是否连通和顺畅。

5. 检查记录供电系统整流变压器、整流器和直流开关柜等设备的运行情况。

6. 检查受电弓（受电靴）在分段绝缘器、绝缘锚段关节处是否对电客车有失电现象。

7. 热滑试验后检查受电弓碳滑块有无沟槽，磨耗是否均匀，羊角是否有摩擦，滑块有无烧结发蓝现象。

8. 热滑实验后，检查电客车转向架走行部分，车轮轮缘踏面有无擦伤、剥离、磨耗状况。

通过接触轨热滑试验全面了解机车受电靴的运行状态，跟踪靴轨受流关系，记录靴轨受流出现火花的处所，检测回流系统状况，并在热滑后进行有针对性的整改。热滑中重点观测接触轨膨胀接头、中间接头、端部弯头以及道岔等处受电靴切入状态和靴轨受流状态。通过试验车低、中、高速的往返运行，有效地检测靴轨的实际接触和受流，检测供电系统存在的工程缺陷，并加以克服，保证正式开通列车的正常运行。

（1）接触轨轨面平滑，无突变和跳动，无不允许的硬点；接触轨支撑、接触轨接头、端部弯头、膨胀接头、电连接处、中心锚结处、接地等部件，无碰靴、脱靴或刮靴的危险，无严重火花的出现；接触轨系统回路连通和顺畅，接触轨断轨处对列车无失电现象。

（2）靴轨跟随性良好，电火花出现频率低；受电靴在膨胀接头处、端部弯头处、中间接头处过渡平顺，在端部弯头处往返转换平滑接触，无刮靴的危险，无严重火花的出现；受电靴在接触轨端部弯头处的切入和脱离状态良好；热滑后受电靴的摩擦损耗正常。

（三）车辆与牵引供电系统间的短路试验

车辆与牵引供电系统间的短路试验要求：车辆与牵引供电系统间的短路试验是通过测试将设计整定计算结果、施工接线正误性、设备动作可靠性以及整个供电臂阻抗校验等几个关键环节联系起来，系统地进行校验，是对主要设备及主保护的整定值及变电所施工接线情况进行的测试。测试联调内容：验证直流牵引供电系统短路计算和设备选择的正确性；验证直流开关及保护装置整定值的准确性；验证直流牵引供电系统运行的可靠性和校核测试段牵引直流回路的电流输出特性等。

（四）牵引接触网（轨）越区供电测试

牵引接触网（轨）越区供电测试要求：通过模拟一座牵引变电站故障解列时作调整运行方式操作，以保证牵引接触网（轨）的持续供电测试，检测直流牵引供电系统的运行方式及操作人员对牵引变电所解列时的故障处置能力；越区供电倒闸操作需正确；大双边供电时，牵引电压和电流、走行轨对地电压等需符合设计要求。

（五）牵引网及钢轨回路阻抗测试

牵引网及钢轨回路阻抗测试要求：检测牵引网及钢轨回路阻抗，测试并记录各供电区段上、下行牵引网和钢轨的单位长度纵向阻抗值，验证整改牵引回路的连接可靠性和完整性。

（六）相邻主变电所相互支援供电测试

相邻主变电所相互支援供电测试要求：当一线路主变电所退出运行时，相邻主变电所支援供电，倒闸完成后，线路原主变电所供电区域由相邻主变电所正常供电；相邻主变电所支援供电的操作程序及自动闭锁功能正常；主变电所支援供电的能力和功能符合设计要求。

（七）变电所 AC35kV 高压备自投测试

变电所 AC35kV 高压备自投测试要求：变电所 AC35kV 高压双电源自动切换功能应符合设计要求，母联柜备自投显示及输出正确。

（八）变电所 AC400V 低压备自投测试

变电所 AC400V 低压备自投测试要求：AC400V 低压双电源自动切换功能应符合设计要求，即车站变电所（含牵引降压混合变电所、降压变电所、跟随降压所）的 AC400V 低压母联备自投装置三级负荷切除投入正常、就地自投自复、远方自投自复分合正常，结果显示及输出正确；备自投自动切换功能应符合设计要求；切换过程的动作次序和时间以及电能参数符合设计要求；三级负荷回路的切除符合设计要求。

（九）车站应急照明系统测试

车站应急照明系统测试要求：车站 EPS 电源柜两回进线电源失电情况下，应急照明灯具及时开启；(1)应急照明电源装置自动切换时间应符合要求。(2)应急照明的照度应符合要求。

(十) 牵引直流系统大双边供电测试

牵引直流系统大双边供电测试要求：通过模拟大电流脱扣动作，测试相邻所间、大双边所间 DC1500V 直流联跳保护装置的可靠性、灵敏性，本侧保护跳闸、对侧联动跳闸显示及输出正确。

(十一) PSCADA110kV、35kV、1500V、400V 开关遥控、遥信及遥测功能测试

PSCADA110kV、35kV、1500V、400V 开关遥控、遥信及遥测功能测试要求：PSCADA 系统当地监控软件的功能、界面需满足设计要求；PSCADA 系统与变电所的通信需满足设计要求；遥控、遥信、遥测正确；遥控各开关动作正确，遥控开关动作信息显示正确；电调 PSCADA 工作站界面正确，电调 PSCADA 工作站与变电所综自屏显示内容一致。

(十二) PSCADA 轨电位、排流柜、交直流屏等遥信、遥测功能测试

PSCADA 轨电位、排流柜、交直流屏遥信、遥测功能测试要求：(1) 电调 PSCADA 工作站界面正确。(2) 电调 PSCADA 工作站与变电所综自屏显示内容一致。(3) 轨电位遥信、遥测功能测试功能正常。(4) 交直流屏遥信、遥测功能测试正常。(5) 牵引、配电温控器遥信、遥测功能测试正常。

(十三) PSCADA 程控卡片功能测试

PSCADA 程控卡片功能测试要求：(1) 电调 PSCADA 工作站界面正确。(2) 电调 PSCADA 工作站与变电所综自屏显示内容一致。(3) 执行程控卡片时各开关动作与卡片内容一致。

(十四) PSCADA 联跳功能测试

PSCADA 联跳功能测试要求：(1) 电调 PSCADA 工作站界面正确。(2) 电调 PSCADA 工作站与变电所综自屏显示内容一致。(3) 变电所直流开关跳闸（及机械紧急分闸），邻站联跳正确。(4) 车站 IBP 盘机械紧急分闸，邻站联跳正确。

(十五) 供电能力测试

供电能力测试要求：(1) 主变电所供电能力满足当前列车及设备供电需求。(2) 各车站（区间）牵引降压变电所满足对本区段设备用电需求。(3) 单边供电、双边供电满足列车在相关区段运行需求。

第三节 地铁供电系统联调记录

(一) PSCADA 通信测试记录表（见表 4-1）

PSCADA 通信测试记录表　　　　　　　　表 4-1

序号	步骤、检查项目	测试要求	测试结果	备注
1	检查 PSCADA 控制器网络连接状态	网络连接与设计图纸一致	□合格 □不合格	
2	检查 PSCADA 通信端口的参数设置	IP 地址、子网掩网、网关和端口号设置正确	□合格 □不合格	
3	PSCADA 控制器带电运行状态检查	PSCADA 控制器正常运行	□合格 □不合格	
4	从 PSCADA 控制器发送 Ping 命令	可以 Ping 通各接口设备	□合格 □不合格	

(二) 35kV 开关遥控测试现场调试记录表（见表 4-2）

35kV 开关遥控测试现场调试记录表　　　　　　　　　　表 4-2

序号	操作步骤	测试要求	测试结果	备注
1	点击"开关"，确认具备遥控条件	弹出设备信息窗口	□合格　□不合格	
2	在控制页，点击"选择"	操作区信息提示：设备选择执行成功，激活"执行"和"取消"按钮	□合格　□不合格	
3	点击"执行"	发送执行命令，等待设备返回操作结果的反馈信息。操作区信息提示：设备合闸执行成功	□合格　□不合格	

第四节　地铁供电系统联合调试中部分常见问题

供电系统联调中，设备故障较多，需要厂家处理和配合解决，表 4-3 是供电系统联调中部分常见问题。

地铁供电系统联合调试中部分常见问题　　　　　　　　　　表 4-3

序号	类别	地铁供电系统联合调试中部分常见问题	问题处理	备注
1	主所	主所通信信号中断； SVG 一模块故障； 主所交流屏内交流监控装置经常有误报交流空开跳闸信号； 主所后台没有显示所用变、接地变的温度模拟量	厂家和调试人员处理	
2	35kV 开关柜	41/42 开关柜保护装置 P746 二次接线门关闭时抵压住空开，故障时空开无法跳闸； 2 号提升柜带电显示器异常； 35kV 母联柜放电计数器故障，计数混乱	厂家和调试人员处理	
3	1500V 开关柜	轨电位 PLC 通信故障； 直流断路器小车由于地面原因无法拉至隔离位； 7051 远方无法遥分； 不同馈线柜（702/703）线路测试参数不一样； 混合所 751 电流显示异常	厂家和调试人员处理	
4	轨电位装置	轨电位装置 PLC 故障； 轨电位异常、动作频繁，接触器合闸后电流较大	厂家和调试人员处理	
5	交直流屏	充电机报故障	厂家和调试人员处理	
6	直流开关柜	7021 轨道带电指示不亮，实际轨道带电	厂家和调试人员处理	
7	交流屏	跟随所交流屏通信短时中断后自复，频次较高	厂家和调试人员处理	
8	综控后台	DC1500V 馈线断路器打至远方位置，后台无法遥合遥分	厂家和调试人员处理	
9	配电变压器	配电变压器温控仪故障； 2 号配电变压器噪声超标	厂家和调试人员处理	
10	400V 开关柜	K17-1 零线未穿电流互感器； LK2-4 抽屉机械卡死，不能合闸； LK14-4 电操烧毁； LM 母联柜脱扣器故障； LK05-3 切非脱扣跳闸后故障指示灯不亮； 2 号进线柜合闸指示灯和准备就绪同时在亮； 一段、二段分别失电，母联均无法备自投合闸； 感应电压高引起 400V 切非 FAS 回路烧模块	厂家和调试人员处理	

续表

序号	类别	地铁供电系统联合调试中部分常见问题	问题处理	备注
11	车辆段	静调柜插针太靠里面,造成接触不良	调试人员处理	
12	接触网(轨)	弯头第一个支架接触轨中心至相邻走行轨内侧距离为823.5mm严重超标; 接触轨防护罩损坏; 接触轨下方有杂物,动车引起短路跳闸; 触网失电	调试人员处理	
13	电力监控	400V画面缺少自投自复图标; 动力变温控器通信地址冲突; 7031隔开不能遥控; 400V框架断路器能分不能遥合; 35kV进线P521通信中断; 35kV点控软压板后台图元状态不对; 远动通道中断	厂家和调试人员处理	

第五章　地铁门禁系统联调

第一节　地铁门禁系统简介

地铁门禁系统（Access Control System，简称ACS）是通过计算机技术、通信技术、自动识别技术、机械工程、安全管理系统，设定人员权限、区域管理和时间控制，实现自动识别员工身份、自动开启门锁、自动采集数据、自动统计及报表；实现地铁员工进出权限管理的自动化系统。

地铁门禁系统一般分为中心、车站两级管理，中心、车站和就地三级控制。中心级门禁系统由门禁管理服务器、管理工作站、数据服务器、数据库软件、门禁系统管理操作软件及交换机组成，集中处理车站级门禁系统的数据信息，实现对车站级门禁操作管理。车站级门禁系统由车站工作站、车站交换机、主控制器、就地控制器、读卡器、磁力锁、开门按钮、紧急开门按钮等设备组成。

火灾情况下，由FAS把火灾信号传给门禁控制系统，控制全部门锁解锁。在车控室IBP盘设置ACS"车站火灾紧急释放"按钮，在车站发生火灾时，操作人员可通过车站火灾紧急释放按钮，切断车站电源，释放门锁，方便疏散人员。

第二节　地铁门禁系统联调

地铁门禁系统与综合监控、IBP盘、FAS接口需要进行联调。

（一）门禁与综合监控测试

门禁与综合监控测试要求：(1) 车站ISCS工作站正确显示门禁设备状态点、报警信息。(2) 综合监控工作台显示门禁事件位置（显示事件发生的地理位置、门的位置）正确；动态图标（点击图标方便地对系统部件发出指令和完成相关的任务）正确。(3) 综合监控对门磁的遥控正确，门体显示功能正确。

（二）门禁与IBP盘功能测试

门禁—IBP盘功能测试要求：综合后备盘门禁释放正常。

（三）门禁与FAS测试

门禁与火灾自动报警测试要求：门禁系统接收到FAS火灾信号，控制全部门锁解锁正常。

（四）门禁监控功能测试

监控功能测试要求：门禁工作台显示功能（显示事件发生的地理位置、门的位置）正确；动态图标（点击图标方便地对系统部件发出指令和完成相关的任务）正确；对门磁进行遥控，观察门体显示功能正确。

第三节　地铁门禁系统联调记录

地铁门禁系统现场调试需要做好记录，部分记录如表 5-1 所示。

地铁门禁系统现场调试记录表　　　　　　　　　　表 5-1

序号	测试内容	测试要求	测试结果	备注
1	门禁与综合监控测试	中心及车站可以正常登录并切换到相应画面车站 ISCS 工作站正确显示门禁设备状态点、报警信息	□合格　□不合格	
		显示功能（显示事件发生的地理位置、门的位置）正确；动态图标（点击图标方便地对系统部件发出指令和完成相关的任务）正确	□合格　□不合格	
		对门磁进行遥控正确，观察门体显示功能正确	□合格　□不合格	
2	ACS-IBP 盘功能测试	综合后备盘门禁释放正常	□合格　□不合格	
3	ACS 与 FAS 测试	门禁系统接收到 FAS 火灾信号，控制全部门锁解锁正常	□合格　□不合格	

第四节　地铁门禁系统联合调试中部分常见问题

地铁门禁系统联合调试中，会发现各类问题，需要解决，表 5-2 是门禁系统联合调试中常见的部分问题。

地铁门禁系统联合调试中部分常见问题　　　　　　表 5-2

序号	类别	地铁门禁系统联合调试中部分常见问题	问题处理	备注
1	门禁与综合监控测试	ISCS 人机界面显示门禁房间开门，实际房间门没有打开，显示与实际不符；门禁房间现场紧急出门按钮按下后，磁力锁断电，ACS 界面显示安全状态，只有在推开门时才显示"强行开门"状态	调试人员处理	
2	ACS-IBP 盘	IBP 盘紧急释放后，IBP 盘上 A、B 端紧急释放灯不亮；同时，ISCS 人机界面上只有部分门禁房间显示"强开状态"	调试人员处理	
3	ACS 与 FAS	ACS 不能正常接收到 FAS 火灾信息；ACS 接收到 FAS 火灾信息，门锁解锁不及时	调试人员处理	

第六章　地铁自动售检票系统联调

第一节　地铁自动售检票系统简介

地铁自动售检票系统（Automatic Fare Collection System，简称 AFC）包括自动控制、计算机网络通信、现金自动识别、微电子计算、机电一体化、嵌入式系统和大型数据库管理等高新技术运用，实现地铁售票、检票、计费、收费、统计、清分、管理等全过程的自动处理。

地铁自动售检票系统包括清分中心、线路中央计算机系统、车站计算机系统、车站自动售票机设备、出入口闸机，是由集中控制的自动售票、自动检票及进行票务管理、财务结算、客流分析的地铁票务自动化管理系统。

地铁自动售检票系统采用封闭多级计程、限时票价制，计程可按里程或区域计，车票采用单程票、一卡通（IC卡）、储值票在线路和线网使用。

AFC系统采用集中控制、统一票务管理的模式，控制系统分为中央级、车站级和终端设备级。

第二节　地铁自动售检票系统联调

地铁自动售检票系统联调，检测自动售检票系统从购票到进站、出站、票务处理和生成交易报表过程的完整性和准确性，包括自动售票机售票测试、自动检票机进出站测试、人工售票机发售与更新测试、车站与中央控制计算机测试，进行线路跑票测试和线网跑票测试。

（一）线路跑票测试

地铁线路跑票测试主要测试本线路自动售检票系统自动售票机（TVM）上线路各车站的票价解析是否正确，自动检票闸机（AGM）是否能正常处理线路其他车站进站、出站的车票，以及人工售票机（BOM）是否能正常处理线路其他车站进站的车票。

线路跑票测试要求：（1）线路AFC设备功能正常。（2）线路AFC设备对参数解析正常。（3）线路AFC设备功能处理正常。

（二）线网跑票测试

地铁线网跑票测试即在新线和既有测试运营线路选择部分车站进行AFC线网互通及跑票测试，主要测试新线自动售检票系统自动售票机（TVM）上线网线路各车站的票价解析是否正确，新线自动检票闸机（AGM）是否能正常处理线网其他车站进站、出站的车票，以及新线人工售票机（BOM）是否能正常处理线网其他车站进站的车票。

线网跑票测试要求：（1）ACC下发的线网参数、LC下发的线路参数正确下发至新线相关设备。（2）新线数据能够上传至ACC。（3）ACC系统对交易数据的解析、清分结算正确。（4）新线BOM退票功能、单程票超时、超程、超时且超程功能正确。（5）新线上传的对账文件能够正确与 ACC 生成的对账文件比对。

第三节 地铁自动售检票系统调试记录

地铁自动售检票系统调试，需要做好记录。
（一）AGM 单机调试记录表（见表 6-1）

AGM 单机调试记录表　　　　　　　　　　　　　　　表 6-1

检测内容		检测要求	检测结果	备注
设备检查	设备外观	设备外观整机安装牢固，无晃动	□合格 □不合格	
		设备外观不锈钢机壳各外表面光亮，平整，无划痕等明显缺陷	□合格 □不合格	
	设备内部	设备内部线缆无破损松脱，线芯无裸露，接插件安装牢靠	□合格 □不合格	
		设备内部各模块固定紧固	□合格 □不合格	
	设备安装检查	进出站顶盖，滑轨可方便地拉出和推入，到位时有明显的到位感觉，并锁定	□合格 □不合格	
		顶盖滑轨推拉顺畅，与机体封闭严密	□合格 □不合格	
		维修门各边缝隙均匀、周边没有卡死处	□合格 □不合格	
		锁定可靠，能灵活开关。开启至少 120°并保持这种状态	□合格 □不合格	
功能测试	设备上电	上电开机启动正常	□合格 □不合格	
	工控机	工控机 Ghost 系统正常	□合格 □不合格	
	方向指示器	正常显示，无坏点	□合格 □不合格	
	进出站显示器	显示颜色，亮度正常；显示器目测无坏点	□合格 □不合格	
	回收模块	票卡分别回收到回收口、A 箱、B 箱	□合格 □不合格	
	传感器	所有传感器显示正常	□合格 □不合格	
	扇门模块	打开，关闭的动作平滑、稳定，无振动和异响	□合格 □不合格	
		门完全收缩至机体时与中维护门平齐、居中	□合格 □不合格	
		关闭扇门时对称	□合格 □不合格	
		测试时扇门开合正常	□合格 □不合格	
	维护键盘	显示的按键信息正确	□合格 □不合格	
	读写器	进站读写器重置成功	□合格 □不合格	
		出站读写器重置成功	□合格 □不合格	
	设备声音测试	选择相应的语音文件，发音正确	□合格 □不合格	
	优惠指示灯测试	优惠指示灯发光	□合格 □不合格	
	授权指示灯测试	授权指示灯发光	□合格 □不合格	
	报警指示灯测试	报警指示灯发光	□合格 □不合格	
	退币口指示灯测试	退币口指示灯发光	□合格 □不合格	
	维修门开关测试	开关门时，到位开关检测正常	□合格 □不合格	
	通行指示灯测试	通行指示灯发光	□合格 □不合格	
	进出站	单程票进/出站	□合格 □不合格	
		储值票进/出站	□合格 □不合格	

（二）TVM 单机调试记录表（见表 6-2）

TVM 单机调试记录表　　　　　　　　　　　表 6-2

检测内容		检测要求	检测结果	备注
设备检查	设备外观	不锈钢机壳各外表面光亮，平整，无划痕等明显缺陷	□合格　□不合格	
	设备内部	设备线缆无破损松脱，线芯无裸露，接插件安装牢靠	□合格　□不合格	
		各模块固定紧固	□合格　□不合格	
		TVM 内部、硬币口、找零口均有完善的排水通道	□合格　□不合格	
	设备安装检查	各模块可方便地拉出和推入，到位时有明显的到位感觉，并锁定模块	□合格　□不合格	
		各模块位置合理，与邻近模块无干涉、磨损	□合格　□不合格	
		维修门各边缝隙均匀、周边没有卡死处	□合格　□不合格	
		锁定可靠，能灵活开关。开启至少 120°并保持这种状态	□合格　□不合格	
功能测试	设备上电	上电开机启动正常	□合格　□不合格	
	工控机	工控机 Ghost 系统正常	□合格　□不合格	
	LED	正常移动显示，无坏点	□合格　□不合格	
	显示器/触摸屏	调整显示器分辨率；显示器目测无坏点；触摸屏可正常使用	□合格　□不合格	
	硬币模块	硬币箱加币正常	□合格　□不合格	
		硬币箱清空正常	□合格　□不合格	
		硬币回收箱卸载正常	□合格　□不合格	
		硬币回收箱安装正常	□合格　□不合格	
	发卡模块	卸载票箱正常	□合格　□不合格	
		安装票箱正常	□合格　□不合格	
		加票正常	□合格　□不合格	
		回收票箱正常	□合格　□不合格	
	纸币模块	卸载纸币回收箱正常	□合格　□不合格	
		安装纸币回收箱正常	□合格　□不合格	
		卸载纸币补币箱正常	□合格　□不合格	
		安装纸币补币箱正常	□合格　□不合格	
		回收纸币正常	□合格　□不合格	
	IO 测试	进入硬件自检中的 I/O 自检，各模块自检成功	□合格　□不合格	
	维护面板	维护面板正常	□合格　□不合格	
	打印机	做凭证打印测试正常	□合格　□不合格	
	读写器	可正常发售、查询票卡	□合格　□不合格	
	售票测试	2 枚硬币购一张 2 元票正常	□合格　□不合格	
		5 元纸币购 1 张 5 元票正常	□合格　□不合格	
		10 元纸币购 1 张 2 元票，纸币和硬币混合找零正常	□合格　□不合格	
		20 元纸币购 1 张 2 元车票，纸币和硬币混合找零正常	□合格　□不合格	
		纸币购票点击取消退还纸币正常	□合格　□不合格	
		硬币购票点击取消，退还硬币正常	□合格　□不合格	

第四节　地铁自动售检票系统 144 小时连续性、可靠性测试

《城市轨道交通运营基本条件》GB/T 30013—2013 要求地铁自动售检票系统做 144 小时连续性试验，以保证该系统可靠性。

一、地铁自动售检票系统 144 小时连续性、可靠性测试内容

地铁自动售检票系统 144h 测试，测试内容覆盖终端设备操作使用、系统日终日切、收益对账等自动售检票系统业务流程和功能。

1. TVM 售票：按照日运营基本业务，对 TVM 进行纸币、硬币及单程票的补充；每台 TVM 售卖单程票，售卖金额不限；选用金额购票及选站购票两种方式进行购票；选用投入纸币及投入 1 元硬币方式进行购票。
2. AGM 进出站：使用售卖的单程票，在闸机上进行进出站测试。
3. 完成当日营收结算，完成相关表格填写。
4. 涉及票种：单程票、储值票；单程票，正常模式下进出站，储值票正常模式下进出站；涉及设备：AGM、TVM、SC。

二、地铁自动售检票系统 144 小时连续性、可靠性测试要求

1. 各设备运行稳定，在连续运行过程中，对票卡处理正常，且处理速度正常。
2. 各设备运行期间与上位通信正常，交易、业务、状态数据成功上传。
3. AGM、TVM 均具备长时间连续运行的条件，能够连续、稳定地完成日常运营中的各项功能。
4. 自动售票机和半自动售票机的售票速度正常；自动售票机的卡币率和卡票率正常。
5. 自动检票机的客流通过速度正常；自动检票机的卡票率正常。

第五节　地铁自动售检票系统联合调试中部分常见问题

地铁自动售检票系统联调中，售票设备系统故障较多，需要厂家及时处理。表 6-3 是地铁自动售检票系统联调中部分常见问题。

地铁自动售检票系统联合调试中部分常见问题　　　　表 6-3

序号	类别	地铁自动售检票系统联合调试中部分常见问题	问题处理	备注
1	自动售票机	纸币模块故障，无法使用纸币； 硬币模块故障； 纸币回收箱清点数据差异过大； 无法清空票箱； 小票显示车站不对； 卡纸币、充值失败； 手机不能扫码购票	厂家和调试人员处理	

第六章 地铁自动售检票系统联调

续表

序号	类别	地铁自动售检票系统联合调试中部分常见问题	问题处理	备注
2	闸机	消防联动后，AFC 紧急释放后无反馈信息给 IBP 盘； 闸机不能正常读卡； 闸机无法正常开关； 闸机读一次卡，可以连续通过很多人； 上电后挡臂来回转动或开闸后不限位； 开闸信号后闸机无动作； 联机使用时一隔断红外对射就开闸； 手机不能扫码进站	厂家和调试人员处理	
3	计算机和通信	车控室 SC 网络故障，无法登陆； SCMS 数据与实际不符； 通信故障，无法盘点； 软件 bug 问题导致的死机	厂家和调试人员处理	

第七章　地铁站台门系统联调

第一节　地铁站台门系统简介

地铁站台门又称屏蔽门（Platform Screen Doors，简称PSD）、安全门，地铁站台门分为封闭式门和半高站台门。

地铁站台门设置在站台边缘，将列车与地铁站台候车区域隔离开，可以防止乘客掉落站台下，又可减少站台区域与轨道行车区的冷热气流交换，是一种安全节能装置。

地铁站台门系统工作是通过门体隔离列车与地铁站台候车区域，由门体的滑动门与列车车辆乘客门相对应，站台门控制系统控制其自动开闭，隔离和通过乘客（见图7-1）。

图7-1　乘客通过滑动门上下车

地铁站台门系统主要由门体、门机、电源、控制等组成；门体按编组列车长度设置，以车站中心里程为中心向两端对称布置；每侧站台门设置滑动门与编组车辆乘客门相对应，并设置应急门和端门。

站台门控制系统设备由中央级控制盘、综合监控远程监控、就地控制盘、车站IBP紧急控制盘、门机控制器、就地控制盒以及传输介质组成。

门体滑动门控制满足三级控制方式要求，即系统级控制、站台级控制和手动就地控制，手动就地控制优先级最高。

地铁站台门监视系统由中央控制盘、DCU单元、现场总线控制局域网络组成。控制局域网采用总线型、开放式、标准通信协议的局域网络。DCU作为网络节点挂接在总线上、作为网络节点的各设备，监控主机是整个监视系统中的主要设备。

地铁隧道区间发生火灾等紧急情况，站务人员在车控室 IBP 盘发出站台门开门指令，引导乘客疏散到站台；当滑动门打开时，设置的声光报警器报警，提醒站台乘客不要误入火灾隧道。

第二节　地铁站台门联调

地铁站台门调试，是对乘客安全保护重要的环节之一。

一、站台门乘客保护测试

站台门乘客保护测试要求：站台门安全防护对乘客的保护防护设计要求。（1）滑动门探测到障碍物后应释放关门力，等待障碍物移除后重新关门达到设定次数（一般为 3 次）后如仍不能关闭和锁紧，则滑动门全开并报警。（2）滑动门对乘客的最大作用力不大于 150N。（3）直线站台的站台门，其滑动门门体与车体最宽处的间隙：当车辆采用塞拉门时，不大于 130mm；当采用内藏门或外挂门时，不大于 100mm。（4）直线车站站台边缘（或防踏空胶条边缘）与车厢地板面高度处车辆轮廓线的水平间隙不应大于 100mm；曲线车站站台边缘（或防踏空胶条边缘）与车厢地板面高度处车辆轮廓线的水平间隙不应大于 180mm（《城市轨道交通初期运营前安全评估技术规范　第 1 部分：地铁和轻轨》（交办运 [2019] 17 号）第六十三条）。

二、车门与站台门的联动功能测试

车门与站台门的联动功能测试要求：车门与站台门的联动功能和开关门同步性符合设计要求。站台门开、关过程时间和列车车门的开关过程时间相匹配，联动功能正确，打开和关闭动作协同情况满足有关设计和运营要求。

三、手动开门力检测

手动开门力检测是检验站台门电源供应或控制系统故障不能自动打开时，乘客从轨道侧手动开门所需的力。测试要求：乘客从轨道侧手动解锁力≤67N；手动将门打开最大力≤133N。

四、站台门状态信息检测

站台门状态信息检测是检验站台门开关门状态、PLS 开关门命令触发、IBP 盘火灾或紧急状态开门命令触发、信号系统开关门操作状态、主机及监控系统显示状态；检测要求：站台门开关门状态、PLS 开关门命令触发、IBP 盘火灾或紧急状态开门命令触发、信号系统开关门操作状态正确，主机及监控系统显示状态正确。

第三节　地铁站台门系统联调记录

地铁站台门系统调试需做好调试记录，现场调试记录表如表 7-1 所示。

地铁站台门系统调试记录表　　　　　　　　　　表 7-1

序号	测试内容	测试要求	测试结果	备注
1	车门与站台门的联动功能测试	站台门开、关过程时间和列车车门的开关过程时间相匹配，联动功能正确、同步	□合格　□不合格	
2	滑动门障碍物探测功能测试	滑动门可探最小 5mm 的硬物，遇障碍物时可开关 3 次	□合格　□不合格	
3	滑动门对乘客的最大作用力测试	滑动门对乘客的最大作用力应不大于 150N	□合格　□不合格	
4	滑动门与列车间距测量	滑动门与列车之间的最大间距应满足设计要求，确保滑动门关闭过程中没有乘客被夹在列车与站台门之间的可能性	□合格　□不合格	
5	防踏空距离测量	列车地槛与滑动门地槛或防踏空胶条之间的间距满足规范及设计要求	□合格　□不合格	
6	手动开门力检测	手动解锁力≤67N；手动将门打开最大力≤133N	□合格　□不合格	
7	状态信息检测	开关门状态正确，状态信息显示正确	□合格　□不合格	

第四节　地铁站台门系统 144 小时连续性、可靠性测试

地铁站台门系统 144 小时连续性试验，可检验站台门系统的可靠性。

一、地铁站台门系统 144 小时连续性、可靠性测试内容

1. 站台门联动。
2. 站台门状态反馈。
3. 站台门故障率。

二、地铁站台门系统 144 小时连续性、可靠性测试要求

站台门联动正常；站台门状态反馈正常；站台门故障率：不应高于 1 次/万次。
故障范围包括：
1. PSD 系统或功能设备失败的故障（包括 UPS 和蓄电池故障引起的控制失效）。
2. 滑动门打不开或不能成对打开。
3. 对 PSD 系统最初的命令和报警系统失败。
4. 站台门状态无反馈。

第五节　地铁站台门系统联合调试中部分常见问题

地铁站台门系统联调常见站台门不联动、站台门状态未反馈等故障（见表 7-2）。

第七章 地铁站台门系统联调

地铁站台门系统联合调试中部分常见问题　　　　表 7-2

序号	类别	地铁站台门系统联合调试中部分常见问题	问题处理	备注
1	站台门不联动	车载CC(控制器)-轨旁连锁通信故障； 信号控制电路故障； 信号连锁主机故障； 列车停车过冲； 站台门控制单元故障； 站台门机械故障； 站台门控制电路故障； 司机误操作； 夹人夹物	信号和站台门调试人员处理	
2	站台门状态未反馈	车载CC（控制器)-轨旁通信故障； 信号连锁主机故障； 信号采集电路故障； 站台门控制单元故障； 状态反馈电路故障	信号和站台门调试人员处理	
3	其他	×号门，解锁后无法恢复； ×应急门右侧门锁故障； ×应急门关门后应急灯不熄； 车头方向端门解锁推杆无法正常开门； 整侧门无灯带； 门体、门立柱、地坎、端门绝缘测试不合格； 防夹无效	站台门调试人员处理	

第八章 地铁通信系统联调

第一节 地铁通信系统简介

地铁通信系统是地铁行车调度指挥、运营管理、内外联络和语音、数据、图像信息的传输及交换的重要基础设施；是基于通信的列车自动控制系统（CBTC）的基础。

地铁通信系统包括：专用通信系统、公安通信系统和乘客信息系统。

专用通信系统包括：传输、无线通信、公务电话、专用电话、时钟、视频监视、广播、信息网络、集中录音、电源系统及接地、集中警告、车辆段/停车场安防等子系统。

传输系统是以光纤通信为主的传输系统网络，是地铁工程专用通信系统、公安通信系统的基础网络，为其他通信子系统、列车自动监控、电力监控、综合监控系统、自动售票系统、火灾自动报警系统、门禁系统等专业提供通道。

无线通信系统目前一般采用 800MHz 频段的 TETRA 数字集群调度系统，为固定用户和移动用户之间语音和数据信息交换提供通信手段，为防灾救援和事故处理等指挥提供无线通信手段。无线通信系统主要包括中央交换机、基站、天馈系统和各类无线终端组成。

公务电话系统采用数字程控电话交换系统，用于地铁内部用户与公用电话网用户电话联系。

专用电话系统包括调度电话、站间行车电话和站内电话。

时钟系统为地铁设备系统、地铁工作人员和乘客提供统一标准时间信息。

视频系统为控制中心调度人员、车站值班人员、列车司机等提供有关列车运行、防灾救灾、乘客疏导及运营管理等方面的视觉信息；视频监视系统可监视列车运行、客流情况、变电所设备室设备运行等情况。

广播系统采用全数字 IP 广播，控制中心调度人员和车站值班人员向乘客通告列车运行及安全、导向、紧急情况疏散等信息服务、向工作人员发布作业命令和通知。

集中录音系统用于记录调度指令、业务通信和站点广播等工作信息。

信息网络用于构筑内部通信平台。

电源系统采用弱电综合电源方式供电。

集中告警系统接收、显示、储存各子系统网管监控设备发来的各子系统状态信息。

车辆段/停车场安防系统由车辆段、停车场视频监视和周界告警组成。

公安通信系统和乘客信息系统包括：公安视频监视系统、公安（消防）无线通信系统、公安计算机网络系统、公安电源及接地、乘客信息系统等子系统。

公安视频监视系统与专用通信共用视频监视系统。

公安（消防）无线通信系统为地铁范围内公安和消防人员提供无线通信手段。

公安计算机网络系统为车站警务室、派出所之间的网络通信、无线通信等提供数字传输平台。

公安电源系统在车站公安通信设备室设置交流配电箱和通过专用通信电源系统 UPS 不间断电源提供不间断电源。

乘客信息系统通过设置在站厅、站台、列车客室的显示终端,让乘客及时了解列车进出站运营信息和车站服务等信息。车站 PIS 信息屏如图 8-1 所示。

图 8-1　车站 PIS 信息屏

第二节　地铁通信系统联调

通信系统联调包括:传输、无线通信、公务电话、专用电话、时钟、视频监视、广播、信息网络、集中录音、电源系统及接地、集中警告等与其他专业系统联调。

(一)正常通信功能测试

正常通信功能测试要求:有线、无线通信正常情况下功能符合设计要求。(1)行车调度员、电调、环调对相应车站分机通话的接通时间和通话质量符合设计要求。(2)调度员或车站值班员对车站视频调用、广播的接通时间和质量符合设计要求。(3)集中告警界面清晰、易识别,高等级报警处置合理符合设计要求。(4)行车调度员、车站值班员对列车无线通话的接通时间和通话质量符合设计要求,行车调度员或者列车司机对列车的广播接通时间和广播质量符合设计要求。

(二)应急通信功能测试

应急通信功能测试要求:有线、无线通信应急情况下功能符合设计要求。(1)行车调度员、电调、环调对相应车站通话的接通时间和通话质量符合设计要求。(2)调度员或车站值班员对车站视频调用、广播、信息发布的接通时间和质量符合设计要求。(3)行车调度员对列车无线通话的接通时间和通话质量符合设计要求;车站值班员与列车司机通话接通时间和通话质量符合设计要求。

(三)换乘站通信功能测试

换乘站通信功能测试要求:换乘站间视频、电话、广播以及信息发布等通信符合设计要求。(1)车站室值班员可以对换乘站视频图像进行调看,图像质量以及切换时间符合设计要求。(2)车站室值班员对换乘区域可以进行广播,广播质量符合设计要求。(3)车控室值班员对换乘区域乘客信息显示屏进行信息发布,符合设计要求。(4)车控室间值班员可以通话,电话接通时间和质量符合设计要求。(5)换乘站换乘区域的视频图像调看、广播、乘客信息发布,以及不同线路车控室间值班员的通话符合设计要求。

(四)时钟与 ATS 测试

时钟与 ATS 测试要求:(1)时钟系统为 ATS 系统提供实时的标准时间信息正常。(2)ATS 系统自动跟踪时钟系统,并自动调整系统时间。

(五)时钟与 ISCS 测试

时钟与 ISCS 测试要求:(1)时钟系统为 ISCS 系统提供实时的标准时间信息正常。(2)ISCS 系统自动跟踪系统,并自动调整系统时间。

(六)时钟与 ACS 测试

时钟与 ACS 测试要求:(1)时钟系统为 ACS 系统提供实时的标准时间信息正常。(2)ACS 系统自动跟踪系统,并自动调整系统时间。

(七)时钟与 AFC 测试

时钟与 AFC 测试要求:(1)时钟系统为 AFC 系统提供实时的标准时间信息正常。(2)AFC 系统自动跟踪系统,并自动调整系统时间。

(八)时钟与 FAS 测试

时钟与 FAS 测试要求:(1)时钟系统为 FAS 系统提供实时的标准时间信息正常。(2)FAS 系统自动跟踪系统,并自动调整系统时间。

(九)时钟与 PIS 测试

时钟与 PIS 测试要求:(1)时钟系统为 PIS 系统提供实时的标准时间信息正常。(2)PIS 系统自动跟踪系统,并自动调整系统时间。

(十)时钟与 PSCADA 测试

时钟与 PSCADA 测试要求:PSCADA 自动同步时钟信号。

(十一)传输与 AFC 测试

传输与 AFC 测试要求:(1)传输设备为 AFC 设备提供传输通道工作正常。(2)传输设备环网切换对 AFC 设备通信无影响。(3)传输设备终端恢复后 AFC 设备自动恢复传输链接。(4)AFC 专业各车站、停车场、车辆段可走传输通道至控制中心。

(十二)传输与 ACS 测试

传输与 ACS 测试要求:(1)传输设备为 ACS 提供传输通道工作正常。(2)传输设备环网切换对 ACS 设备通信无影响。(3)ACS 专业各车站、停车场、车辆段可走传输通道至控制中心。

(十三)传输与 ATS 测试

传输与 ATS 测试:(1)传输设备为 ATS 设备提供传输通道工作正常。(2)传输设备环网切换对 ATS 设备通信无影响。(3)传输设备终端恢复后 ATS 设备自动恢复传输链接。(4)ATS 专业各车站、停车场、车辆段可走传输通道至控制中心。

(十四)传输与 ISCS 测试

传输与 ISCS 测试要求:(1)传输设备为 ISCS 设备提供传输通道工作正常。(2)传输设备环网切换对 ISCS 设备通信无影响。(3)传输设备终端恢复后 ISCS 设备自动恢复传输链接。

(十五) 传输与自助图书馆测试

传输与自助图书馆测试要求：(1) 传输设备为自助图书馆设备提供传输通道工作正常。(2) 传输设备环网切换对自助图书馆设备通信无影响。(3) 传输设备终端恢复后自助图书馆设备自动恢复传输链接。(4) 自助图书馆专业各车站、停车场、车辆段可走传输通道至控制中心。

(十六) 无线与 ATS 测试

无线与 ATS 测试要求：(1) 无线系统从 ATS 系统获得列车相关信息正常。(2) 列车进出车辆段信息和列车上、下行等信息获得正常。(3) 列车的车次号、司机号与车组号的对应关系信息获得正常。(4) 列车在运行线路上的位置信息（车站范围）获得正常。(5) 列车实时位置信息在控制中心可实时显示。

(十七) 无线与车辆测试

无线与车辆测试要求：(1) 无线与车辆接口为车辆提供中心调度员对列车广播语音和控制信息正常。(2) 控制中心总调发布信息，实现车载广播功能。(3) 控制中心无线行车调度台可与车载台进行通信，车载台可呼叫车站固定台。

(十八) 车地无线通话测试

车地无线通话测试要求：车地无线通话功能符合设计要求。(1) 无线对讲机呼入呼出功能正常、通话清晰。(2) 车载台呼入呼出功能正常、通话清晰。(3) 岔区无线通话正常、通话清晰。(4) 车站固定台、手持台、中心调度台均可正常呼入、呼出，信号良好。(5) 车地无线通话的接通时间和通话质量符合设计要求。

(十九) 列车 800M 覆盖测试

列车 800M 覆盖测试要求：列车 800M 在区间、岔区通话无断点，声音清晰。

(二十) 广播与 ATS 测试

广播与 ATS 测试要求：车站广播设备自动触发列车进站广播和到站广播。

(二十一) 广播与 FAS 测试

广播与 FAS 测试要求：FAS 系统进行广播控制，播放消防广播正常。

(二十二) 广播与 ISCS 测试

广播与 ISCS 测试要求：(1) 综合监控系统进行广播操作和监控广播状态正常。(2) 综合监控系统控制广播系统扬声器正常，综合监控系统具有优先级。

(二十三) 列车到站自动广播和到发时间显示测试

列车到站自动广播和到发时间显示测试要求：测试车站和列车广播及乘客信息系统功能应符合设计要求。列车即将进站前，车站自动广播列车到站信息，车站乘客信息系统显示屏显示列车进站信息，出站后显示下次列车到站时间正常。

(二十四) 车站广播功能测试

车站广播功能测试要求：(1) 车站人工广播功能正常、通话清晰。(2) 车站预录制广播功能正常、通话清晰。(3) 中央对车站功能正常、通话清晰。

(二十五) 广播功能测试

广播功能测试要求：OCC 对列车广播正常。

(二十六) CCTV 与垂直电梯测试

CCTV 与垂直电梯测试要求：(1) CCTV 系统接收垂直电梯专用摄像机图像清晰，控制正确，轿厢内可实现实时监控。（2）垂梯专业五方对讲与车控室电话通信正常。

（二十七）通信电源与信号、ISCS、AFC、ACS 测试

通信电源与信号、ISCS、AFC、ACS 测试：通信电源为信号、ISCS、AFC、ACS 系统提供 UPS 电源正常。

（二十八）通信能力测试

通信能力测试要求：（1）专用无线系统单站集群能力满足故障条件下单站无线通信能力。（2）传输故障自愈能力满足网络或网元发生故障时系统自愈能力。（3）广播系统故障时应急广播能力正常。（4）各系统设备正常运行，在设备发生故障时可倒换至备用设备或板卡进行工作。

（二十九）调度电话功能测试

调度电话功能测试要求：（1）单呼、群呼呼入呼出功能正常、通话清晰。（2）调度备用电话呼入呼出功能正常、通话清晰。（3）站间电话呼入呼出功能正常、通话清晰。

（三十）公务电话功能测试

公务电话功能测试要求：（1）呼入呼出功能正常、通话清晰。（2）号码正确。

（三十一）车站站台发车端 CCTV 查看测试

车站站台发车端 CCTV 查看测试要求：（1）发车端 CCTV 显示器显示摄像机位置正确。（2）图像清晰。

（三十二）时钟与 PIS 测试

时钟与 PIS 测试：（1）时钟系统为 PIS 系统提供实时的标准时间信息正常。（2）PIS 系统自动跟踪时钟系统，并自动调整系统时间。

（三十三）广播与 PIS 测试

广播与 PIS 测试要求：（1）广播系统报站时发送数据给乘客信息系统，乘客信息系统站台降低音量正常。（2）广播系统撤销报站时发送数据给乘客信息系统，乘客信息系统站台恢复音量正常。（3）广播发送数据至 PIS 系统，能降低前端 LCD 屏音量。

（三十四）集中告警与 PIS 测试

集中告警与 PIS 测试要求：（1）乘客信息系统能将对应站点设备状态反馈给集中告警。（2）模拟断开某一个站的设备，集中告警可以正常断开。（3）PIS 系统向通信集中告警系统传递 PIS 系统的主要告警信息。

（三十五）PIS 与 ATS 测试

PIS 与 ATS 测试要求：（1）车站 PIS 正确显示当前列车运行方向及到站时间。（2）车站 PIS 正确显示后续列车目的地及到站时间。（3）信号系统向 PIS 提供每个站台上下行方向下班列车到达本站的时间、本站台列车进站/离站信号、本站是否为换乘站，以及可换乘的路线、列车编号、车次、列车跳站信息、列车下站名称列车终点站名称、本站上下行方向首末班车等信息是否正确。

（三十六）PIS 与 ISCS 测试

PIS 与 ISCS 测试要求：（1）控制中心和各车站综合监控 PIS 信息发布能力测试正常。（2）PIS 向综合监控系统传递所有车站设备的工作状态、故障报警信息。（3）综合监控系统通过此接口对 PIS 系统设备进行管理及控制，并可触发车站信息显示设备进行紧急信息的发布。

（三十七）PIS 与 PCC 测试

PIS 与 PCC 测试要求：（1）PIS 控制中心与线网中心 PCC 物理联通。（2）PIS 控制中心与线网中心 PCC 接口功能正常。

（三十八）PIS 与车辆测试

PIS 与车辆测试要求：（1）车辆 PIS 图像显示正常。（2）车载视频监控图像能上传到控制中心。

第三节　地铁通信系统联调记录

地铁通信系统联调需要做好调试记录，部分现场记录表如下：

（一）通信传输系统与信号系统联调测试记录表（见表 8-1）

地铁通信传输系统与信号系统联调测试记录表　　　　表 8-1

序号	测试内容	测试要求	测试结果	备注
1	中断一段光纤链路（采用软切换及硬件切换方式）	在中断过程中对关联系统不造成影响	□合格　□不合格	
2	恢复一段光纤链路（采用软切换及硬件切换方式）	在恢复过程中对关联系统不造成影响	□合格　□不合格	
3	同时中断不相邻的两段光纤链路（采用软切换及硬件切换方式）	孤环内设备可以正常通信，但不能与段外的通信，在中断过程中对关联系统不造成影响	□合格　□不合格	
4	同时恢复不相邻的两段光纤链路（采用软切换及硬件切换方式）	在恢复过程中对关联系统不造成影响	□合格　□不合格	
5	模拟车站传输节点故障引起的传输光纤环路中断	根据关联系统接入业务的具体配置，影响业务通道涉及该节点的业务，其他业务保持正常	□合格　□不合格	
6	模拟车站传输节点故障引起的传输光纤环路恢复	根据关联系统通信恢复正常	□合格　□不合格	
7	模拟控制中心传输接口故障引起的传输光纤环路中断	根据关联系统接入业务的具体配置，影响业务通道涉及该节点的业务，其他业务保持正常	□合格　□不合格	
8	模拟控制中心传输接口故障引起的传输光纤环路恢复	关联系统通信应恢复正常	□合格　□不合格	

（二）控制中心专用无线系统调试记录（见表 8-2）

控制中心专用无线系统调试记录表　　　　表 8-2

序号	测试要求	测试结果	备注
1	检查设备外观，确保设备不会在安装过程中因为碰撞或摩擦等原因出现损伤	□合格　□不合格	
2	检查设备与其他外部设备的线缆连接是否牢固，不能出现未连接或松动等情况	□合格　□不合格	
3	检查设备安装是否牢固，安装位置是否符合设计或招标要求	□合格　□不合格	

续表

序号	测试要求	测试结果	备注
4	测试设备能否正常开机和关机	□合格 □不合格	
5	通过检查主机硬件设备管理器内容及运行情况,判断主机工作是否正常	□合格 □不合格	
6	检查设备网络 IP 设置是否正确	□合格 □不合格	
7	基站设备功能加载及测试	□合格 □不合格	
8	检查网管、调度台软件是否已经安装完整	□合格 □不合格	
9	与时钟系统联调测试,测试设备时钟能否自动与使用系统进行同步	□合格 □不合格	
10	测试设计区域无线信号覆盖强度,需满足设计要求	□合格 □不合格	
11	与专用电话系统联调测试,测试无线广播录音功能	□合格 □不合格	
12	启动网管终端软件,应可以查看各车站系统中各设备工作状态及日志,并能够打印日志	□合格 □不合格	
13	网管终端应能够正确地将专用无线系统故障状态发送到集中告警系统	□合格 □不合格	

(三) PIS 系统与综合监控系统联调测试记录（见表 8-3）

PIS 系统与综合监控系统联调测试记录表　　　　表 8-3

序号	测试要求	测试结果	备注
1	网络通信正常	□合格 □不合格	
2	查询数据测试正常	□合格 □不合格	
3	单站紧急数据发送测试正常	□合格 □不合格	
4	单站紧急数据撤销测试正常	□合格 □不合格	
5	单站普通数据发送测试正常	□合格 □不合格	
6	单站普通数据撤销测试正常	□合格 □不合格	
7	多站紧急数据发送测试正常	□合格 □不合格	
8	多站紧急数据撤销测试正常	□合格 □不合格	
9	多站普通数据发送测试正常	□合格 □不合格	
10	多站普通数据撤销测试正常	□合格 □不合格	

第四节　地铁通信系统 144 小时连续性测试

《城市轨道交通试运营基本条件》GB/T 30013—2013 要求地铁通信系统综合联调需做 144 小时连续性测试，表 8-4 是目前通信系统 144 小时连续性测试的内容、要求、测试结果等记录表。

地铁通信系统 144 小时连续性测试内容及要求　　　　表 8-4

序号	系统测试名称	测试内容	测试要求	测试结果	备注
1	传输	设备连续通电检测	无断电,设备连续运行 144 小时	□合格 □不合格	
		以太网业务通道检测	检测无丢包	□合格 □不合格	
		2M 业务通道检测	检测无误码	□合格 □不合格	
		PTN 光性能检测	光盘发光正常,光路无中断	□合格 □不合格	
		网管功能检测	设备性能及告警上传至网管	□合格 □不合格	
		接口检测	各系统 2M 及以太网业务无中断	□合格 □不合格	

续表

序号	系统测试名称	测试内容	测试要求	测试结果	备注
2	无线	设备连续通电检测	无断电,设备连续运行144小时	□合格 □不合格	
		车站场强覆盖	手台检测无线信号无盲区	□合格 □不合格	
		区间场强覆盖	车载台检测无线信号无盲区	□合格 □不合格	
		固定台、手持台通话	通话正常	□合格 □不合格	
		网管功能检测	设备性能及告警上传至网管	□合格 □不合格	
3	电源	设备连续通电检测	无断电,设备连续运行144小时	□合格 □不合格	
		UPS人工或自动切换	负载不断电	□合格 □不合格	
		电池充放电检测	充、放电时间满足设计要求	□合格 □不合格	
		交流配电柜输出开关状态采集检测	交流配电柜输出开关实际状态和采集状态一致	□合格 □不合格	
		一二路市电输入切换	一二路市电输入切换能够进行切换	□合格 □不合格	
		网管功能检测	设备性能及告警上传至网管	□合格 □不合格	
4	公务电话	设备连续通电检测	无断电,设备连续运行144小时	□合格 □不合格	
		通话检测	可以拨打内线及外线电话	□合格 □不合格	
		网管功能检测	设备性能及告警上传至网管	□合格 □不合格	
5	专用电话	设备连续通电检测	无断电,设备连续运行144小时	□合格 □不合格	
		值班台通话检测	可以呼叫相邻站及行调	□合格 □不合格	
		调度台通话检测	可以呼叫车站值班台	□合格 □不合格	
		网管功能检测	设备性能及告警上传至网管	□合格 □不合格	
		录音功能	正常录音	□合格 □不合格	
6	时钟	设备连续通电检测	无断电,设备连续运行144小时	□合格 □不合格	
		二级母钟授时功能	子钟时间与一级母钟时间显示一致	□合格 □不合格	
		网管功能检测	设备性能及告警上传至网管	□合格 □不合格	
7	广播	设备连续通电检测	无断电,设备连续运行144小时	□合格 □不合格	
		任意广播功能检测	能够进行广播	□合格 □不合格	
		多路并行广播检测	能够进行广播	□合格 □不合格	
		监听功能检测	能够对任一分区语音监听	□合格 □不合格	
		网管功能检测	设备性能及告警上传至网管	□合格 □不合格	
8	视频监视	设备连续通电检测	无断电,设备连续运行144小时	□合格 □不合格	
		PTZ控制	对摄像机云台、焦距进行全方位控制	□合格 □不合格	
		系统网络检测	网管无告警及网络使用正常	□合格 □不合格	
		监控平台检测	网管无告警及平台使用正常	□合格 □不合格	
		清晰度检测	图像清晰	□合格 □不合格	
		存储与回放功能	能够对录像进行调看	□合格 □不合格	
		字符叠加功能检测	字符与图像位置一致	□合格 □不合格	
9	集中告警	设备连续通电检测	无断电,设备连续运行144小时	□合格 □不合格	
		接口检测	各系统设备告警上传至集中告警网管	□合格 □不合格	

续表

序号	系统测试名称	测试内容	测试要求	测试结果	备注
10	集中录音	设备连续通电检测	无断电，设备连续运行144小时	□合格 □不合格	
		监控所有站点设备运行状态	能够不间断监测，无中断	□合格 □不合格	
		远程查询回放所有站点录音	站点与中心一致	□合格 □不合格	
11	信息网络	设备连续通电检测	无断电，设备连续运行144小时	□合格 □不合格	
		业务通道检测	检测无误码	□合格 □不合格	
12	公安（消防）无线通信系统	设备连续通电检测	无断电，设备连续运行144小时	□合格 □不合格	
		车站场强覆盖	手台检测无线信号无盲区	□合格 □不合格	
		区间场强覆盖	车载台检测无线信号无盲区	□合格 □不合格	
		固定台、手持台通话	通话正常	□合格 □不合格	
		网管功能检测	设备性能及告警上传至网管	□合格 □不合格	
13	公安电源及接地系统	设备连续通电检测	无断电，设备连续运行144小时	□合格 □不合格	
14	公安视频监控系统	设备连续通电检测	无断电，设备连续运行144小时	□合格 □不合格	
		监控平台检测	网管无告警，平台使用正常	□合格 □不合格	
		清晰度检测	图像清晰	□合格 □不合格	
		存储与回放功能	能够对录像进行调看	□合格 □不合格	
15	公安计算机网络系统	设备连续通电检测	无断电，设备连续运行144小时	□合格 □不合格	
		业务通道检测	检测无误码	□合格 □不合格	
16	乘客信息系统	设备连续通电检测	无断电，设备连续运行144小时	□合格 □不合格	
		网络通道检测	检测无误码	□合格 □不合格	
		显示功能检测	终端能够正常播放	□合格 □不合格	
		网管功能检测	设备性能及告警上传至网管	□合格 □不合格	

第五节 地铁通信系统联合调试中部分常见问题

地铁通信系统联调中一些常见问题，直接影响行车调试，需要及时处理，表8-5是地铁通信系统联调中部分常见问题。

地铁通信系统联合调试中部分常见问题　　　　表8-5

序号	类别	地铁通信系统联合调试中部分常见问题	问题处理	备注
1	无线	部分区域场强覆盖较弱，手台信号差，偶发性丢通信； 手台单站集群模式； 800M无线手台通信丢失； 无线基站掉线； RAJ03A上行速率不达标； 固定台F4键，呼叫列车车次功能未实现； 上下行站台对讲机信号时断时续	系统承包商及时进行场强分析和整改，解决场强、手台单站集群、通信丢失问题； RAJ03A上行速率不达标更换基站； 调试人员处理	
2	传输	网管上有告警； W4槽位的GF12不能写入新的数据	查找报警原因，进行整改； W4槽位的GF12更换板块； 调试人员处理	

续表

序号	类别	地铁通信系统联合调试中部分常见问题	问题处理	备注
3	PIS	车站 PIS 到站时间信息中断	按照设计要求对 pis 业务进行修改，换成分段控制中心侧各给一个 pis 端口；传输系统配置备份；按照设计变更插好控制中心 pis 三个业务口的跳纤；传输网管上对应修改 pis 业务通道数据； 重启中心服务器恢复； 调试人员处理	
4	CCTV	摄像头掉线； 摄像头方位不对和画面模糊； 换乘扶梯下频繁摄像卡顿； 站台屏蔽门外司机 CCTV 监视屏不正常	调试人员处理	
5	广播	英文翻译读音不标准	调试人员处理	
6	专用、公务电话	网管上监控不了各站、场段的板卡状态	调试人员处理	

第九章 地铁信号系统联调

第一节 地铁信号系统简介

地铁信号系统是列车运行、列车安全、提供运输效率的关键系统和设备，列车通过车载设备和轨旁设备不间断双向通信，控制中心获取列车传输的标识、位置、方向和速度信息，根据其实时速度和位置动态计算列车的防护安全距离，形成移动闭塞，实现列车自动控制安全行车。

地铁信号系统通常采用基于通信的列车自动控制系统（Communication-Based Train Control，简称 CBTC），列车运营间隔控制采用移动闭塞方式，后备运营采用联锁级自动闭塞方案，车辆段/停车场信号系统采用自动化方案。

列车自动控制系统（CBTC）包含：列车自动监控（ATS）子系统、列车自动（ATP）子系统、列车自动运行（ATO）子系统、计算机联锁（CI）子系统、数据通信（DCS）子系统及维护监测（IMS）子系统。

列车自动监控（ATS）子系统主要实现列车的集中监视，实现进路自动设置、按时刻表控制列车运行。

列车自动（ATP）子系统主要是实现列车定位、列车运行防护、退行防护、列车紧急控制、临时限速、区域防护等功能，确保列车行驶过程中安全。

列车自动运行（ATO）子系统主要实现列车自动驾驶、站台精确停车、车门及安全门的监控，并提供运行调整、运管辅助管理等功能。

计算机联锁（CI）子系统主要是实现进路控制、轨道区段检测、区段故障解锁、道岔控制、信号机控制等功能，通过列车进路、道岔、信号机相互联锁关系，保证列车运行进路安全。

数据通信（DCS）子系统满足 CBTC 系统各子系统数据信息传输的需要，提供有线通信网络和车地无线通信网络，并实现网络管理、网络安全。

维护监测（IMS）子系统实现对信号系统设备的状态集中监视和报警，实时监视信号设备的使用情况，分析故障原因，统计故障时间，实现信号设备的预防性维护。

一些城市轨道交通系统开始选用全自动无人驾驶列车系统，列车的唤醒、休眠、出入库、运行、停站、折返等作业，列车安全运行、监控轨道、监控乘客上下车、管理列车等都由信号系统自动控制完成。

全自动无人驾驶列车具有主要设备的工作状态信息、车厢内视频监控信息上传至控制中心，以及控制中心对列车进行监控和紧急情况下的操作等功能。

地铁信号系统正线设置若干个集中站、若干个非集中站；信号设备主要包括 ATP/ATO 室内设备、转辙机、信号机、计轴器等轨旁设备。

地铁信号系统遵守"故障—安全"的原则，运用通信移动闭塞技术，实现列车安全运行。

第二节　地铁信号系统联调

地铁信号系统联调，需要经过高频次的现场测试和数月的动车调试，通过大量数据采集、对照，对系统软件进行优化、升级和验证，取得第三方安全认证，达到试运行和试运营基本条件。

信号系统调试包括：轨旁调试、车载调试、LTE 调试和控制中心调试；车载调试包含列车静调、列车动调和列车功能性测试；LTE 调试包含 LTE 静调测试和 LTE 动态测试；控制中心测试包含控制中心内部测试和外部接口测试。

列车最小间隔追踪、折返能力、出入段能力、抗干扰能力、列车运行安全防护、列车车站扣车和跳停、列车追踪运行防护功能测试、信号与车辆的综合联调以及通信系统与相关设备系统的综合联调测试等，也是信号系统调试主要科目。

信号系统调试还包括：牵引供电系统各种运行模式联调，通信传输系统与关联系统综合联调，通信无线集群与信号、车辆综合联调，通信时钟系统与信号关联系统综合联调，乘客信息系统（PIS）与车辆综合联调，信号系统功能（联锁测试、ATP 功能、CBTC 功能）综合测试，信号、车辆与屏蔽门综合联调，全线列车最大运行能力（ATP 模式、CBTC 模式）综合联调测试。

信号系统功能需要进行精调，对轨旁转辙机、计轴、信号机、信标等工作的可靠性进行跟踪调试，确保可靠性指标达到要求。

对列车折返能力、车站通过能力、自动列车调整能力需全面调试；全线多列车跑图时间需充足，对列车停车精度、工作可靠性等需跟踪调试。

对联络线道岔要采取最安全可靠的锁定措施，以防止各种车辆闯入联络线。

与防淹门的联锁功能要进行调试，确保联锁功能正常。

列车在 ATO 驾驶模式下初始牵引力过大，ATO 推荐速度与列车实际速度差值需要进行细调。

信号系统具体调试内容如下：

（一）ATS 与时钟测试

ATS 与时钟测试要求：（1）信号系统 ATS 工作站（OCC）与时钟系统同步一致。（2）车站 ATS 工作站与 OCC 保持一致。

（二）车站紧停功能按钮功能测试

车站紧停功能按钮功能测试要求：（1）IBP 上紧停按钮触发，在 IBP 上显示正确位置，ATS 同步显示触发位置，取消后恢复正常。（2）站台上紧停按钮触发，在 IBP 上显示正确位置，ATS 同步显示触发位置，取消后恢复正常。（3）列车接近进站前、进站中、停靠、出站时等不同情形下触发站台紧急关闭按钮，站台紧急关闭按钮安全防护和列车运行情况符合设计要求。

（三）ATS 工作站操作测试

ATS 工作站操作测试要求：（1）ATS 权限交接功能正常。（2）中央、车站进路办理操作正常，进路正确。（3）道岔操作定反位显示正确，解锁、解锁功能正常。（4）引导信号功能正常。

（四）车辆段与正线接口联锁检查测试

车辆段与正线接口联锁检查测试要求：(1) ×××站至车辆段进路排列正常。(2) 车辆段至×××进路排列正常。

（五）计轴受扰测试

计轴受扰测试要求：计轴受扰后进路正常。

（六）人工道岔操作测试

人工道岔操作测试要求：运营人员能人工正确排列道岔进路。

（七）列车出段时分测定

列车出段时分测定要求：测试列车从×××车辆段以 ATO 模式出场耗时符合设计要求。

（八）列车入段时分测定

列车入段时分测定要求：测试列车从××站以 ATO 模式入段耗时符合设计要求。

（九）区间运行时分查定测试

区间运行时分查定测试要求：测定列车在××××站至×××站上、下行区间运行耗时符合设计要求。

（十）车站紧急停车功能验证

车站紧急停车功能验证要求：(1) 列车进站前，按下紧停按钮，列车应自动在站外停车。(2) 列车进站中，按下紧停按钮，列车应自动紧急停车。(3) 列车出站中，按下紧停按钮，列车应自动紧急停车。

（十一）列车跳停功能验证

列车跳停功能验证要求：列车自动监控（ATS）系统跳停功能符合设计要求。(1) OCC 能正常设置跳停。(2) 列车根据跳停信号不停站通过。(3) 在列车行驶过程中，取消跳停，列车到站停车。(4) ATS 工作站跳停图标显示符合设计要求。

（十二）列车扣车功能验证

列车扣车功能验证要求：列车自动监控（ATS）系统扣车功能符合设计要求。(1) 车站设置扣车，列车 ATO 模式无法发车。(2) ATS 工作站扣车图标显示符合设计要求。(3) 列车停靠被扣车站后，发车指示器显示扣车指示，自动出站进路不能触发，列车不能发车。(4) 取消扣车后，发车指示器上显示的扣车标识消失，列车可以正常发车。

（十三）列车限速/超速功能验证

列车限速/超速功能验证要求：线路最高允许限速、区段限速、道岔侧向限速、轨道尽头停车等列车运行安全防护功能符合设计要求。(1) 限速点设置成功后，若出现超速，列车应触发超速防护制动。(2) 列车持续加速至车辆设计最高运行速度，当超过车辆设计最高运行速度时，应自动采取符合设计超速保护的报警、牵引封锁和紧急制动保护措施。(3) 列车在 ATP 保护下，线路最高允许限速、区段限速、道岔侧向限速、轨道尽头停车、闯红灯停车、反向行车限速等列车运行安全防护功能正确、有效。(4) 列车在点式 ATP 降速模式下闯红灯，应触发常用或紧急制动。

（十四）列车追踪运行安全间隔防护功能测试

列车追踪运行安全间隔防护功能测试：列车在 ATP 保护下，追踪运行安全间隔防护符合设计要求。(1) 后续列车紧跟前行列车正常行车。(2) 后续列车应依据前行列车距离和速度变化,自动调整追踪运行速度和保持安全追踪运行距离,安全距离符合设计要求。

(十五)列车退行安全防护测试

列车退行安全防护测试要求:列车以 ATP 防护模式退行安全防护符合设计要求。(1)列车在 ATP 保护下过站实际越过停车点的距离小于设计规定距离并低于推荐速度退行,应退行正常。(2)列车在 ATP 保护下过站实际越过停车点的距离小于设计规定距离并高于推荐速度退行,应紧急制动。(3)列车在 ATP 保护下过站实际越过停车点的距离大于设计规定距离应无法退行。(4)当列车越过站台停车点至设计最大允许越过距离时,车载 ATP 反应情况及提示信息符合设计要求。

(十六)列车紧急停车按钮激活功能验证

列车紧急停车按钮激活功能验证要求:列车紧急停车,在 ATS 上应正确显示列车停车位,车辆紧急停车。

(十七)列车倒计时功能验证

列车倒计时功能验证要求:在发车端表示器上显示倒计时信息,列车按信息动车。

(十八)列车催发功能验证

列车催发功能验证要求:在发车端表示器上显示催发信息,列车按信息动车。

(十九)列车折返时间查定

列车折返时间查定要求:测定列车折返功能及时间。

(二十)列车 TOD 显示正确性测试

列车 TOD 显示正确性测试要求:列车 TOD 正确显示列车运行各种信息。

(二十一)列车 TOD 与发车表示器倒计时一致性测试

列车 TOD 与发车表示器倒计时一致性测试要求:列车 TOD 与发车表示器倒计时时间显示一致。

(二十二)车门及屏蔽门夹物功能验证

车门及屏蔽门夹物功能验证要求:(1)车门关闭时夹物,列车应无法动车。(2)屏蔽门关闭时夹物,列车应无法动车,在 ATS 工作站上显示屏蔽门开启状态。

(二十三)站台门安全防护功能测试

站台门安全防护功能测试要求:列车在 ATP 防护模式下,站台门对列车安全防护符合设计要求。(1)站台门打开时,列车应不能进站。(2)列车停在站台区域打开站台门,列车无速度码,不能启动离站。(3)列车进站、出站过程中,站台门打开,列车应施加紧急制动。

(二十四)列车反向测试

列车反向测试要求:列车反向运营,各项功能正常。

(二十五)列车侧向过岔保护功能测试

列车侧向过岔保护功能测试要求:列车侧向过岔超过限速应紧急制动。

(二十六)双列车最小间隔追踪保护功能测试

双列车最小间隔追踪保护功能测试要求:后续列车在接近前车时速度应有变化,直至停车。

(二十七)联锁故障测试

联锁故障测试要求:(1)联锁故障后,HMI、MMI 显示符合要求。(2)联锁故障恢复后，HMI、MMI 显示符合要求。

（二十八）中央服务器故障测试

中央服务器故障测试要求：自动切换备用服务器，对列车运行无影响。

（二十九）列车信号系统 VOBC 故障测试

列车信号系统 VOBC 故障测试要求：CBTC 模式下，单个红蓝网、单个 PPU、单个网关故障不影响列车运行。

（三十）列车折返能力测试

列车折返能力测试要求：（1）列车折返能力符合设计要求。（2）无人折返功能符合设计要求，在折返前，按下无人折返按钮，列车可自动进行折返，到站后自动退出无人折返功能。

（三十一）全自动无人驾驶系统功能验证

全自动无人驾驶系统功能验证要求：列车的唤醒、休眠、出入库、运行、停站、出站、折返等作业、列车安全运行、监控轨道、监控乘客上下车、管理列车等都由信号系统自动控制正确完成。

（三十二）电源系统功能测试

电源系统功能测试要求：动力照明专业为通信电源系统提供两路市电，且两路市电切换时通信设备运行正常。

（三十三）ATO 停站精度测试

ATO 停站精度测试要求：列车在±0.3m 精度范围内正常停车。

（三十四）广播功能测试

广播功能测试要求：（1）列车司机对车厢广播正常。（2）列车自动广播正常。（3）OCC 对列车广播正常。

（三十五）列车退行模式安全开关门功能测试

列车退行模式安全开关门功能测试要求：列车进入停车区域后恢复 ATP 模式，列车能正常开关门。

（三十六）列车车门安全防护测试

列车车门安全防护测试：列车以 ATP 防护模式行车过程中客室车门符合设计要求。（1）站间运行时车门打开，信号触发紧急制动。（2）列车进站时，列车车门打开，信号触发紧急制动。（3）准备发车的列车车门打开，信号触发紧急制动。（4）站台发车距离小于 20m 时，列车车门打开，信号触发紧急制动。（5）列车在车站区域、区间区域运行时，激活客室"车门紧急解锁装置"，打开列车车门，列车运行情况和车门拉开的拉力值符合设计要求。

（三十七）RMF 模式下的速度防护测试

RMF 模式下的速度防护测试要求：列车以大于 25km/h 速度动车，列车触发紧急制动。

（三十八）点式 ATP 模式出站闯红灯安全制动距离测试

点式 ATP 模式出站闯红灯安全制动距离测试要求：列车闯红灯紧停后距道岔轨尖距离满足安全需求。

（三十九）道岔故障测试

道岔故障测试要求：道岔失表后能进行引导总锁；消除故障后可取消总锁。

（四十）列车救援

列车救援要求：救援过程中，ATS 显示列车运行状态。

（四十一）列车乘客呼叫功能测试

列车乘客呼叫功能测试要求：列车车厢乘客与司机对讲通话正常、通话清晰。

（四十二）无线通信测试

无线通信测试要求：（1）无线对讲机呼入呼出功能正常、通话清晰。（2）车载台呼入呼出功能正常、通话清晰。（3）岔区无线通话正常、通话清晰。

（四十三）列车区间火灾功能测试

列车区间火灾功能测试要求：（1）列车区间火灾情况下，列车司机室 DDU 显示列车火灾位置，ATS 工作站正确显示火灾位置和正确及时发出火灾信息。（2）验证各相关系统设备接口联动关系正确、运转正常。

（四十四）列车区间阻塞功能测试

列车区间阻塞功能测试要求：（1）列车区间阻塞情况下，ATS 工作站正确和及时发出阻塞信息。（2）验证各相关系统设备接口联动关系正确、运转正常。

（四十五）双列车车载信号设备故障功能测试

双列车车载信号设备故障功能测试要求：（1）有效实现混跑并保证安全距离。（2）在进入故障区域前能在边界处自动停车并降为联锁控制级别，在驶离故障区域后升级为 CBTC 模式。（3）AP 冗余测试，模拟相邻三个 AP 天线中一个 AP 天线故障时，列车不受影响，正常运行。（4）列车到达推荐速度时先超速报警，然后紧急制动。（5）道岔失表，列车能自动停在道岔防护信号机前方。（6）列车运行前方设置计轴受扰，对 CBTC 列车的运行应无影响。（7）模拟 ZC 故障，列车能正常建立降速模式，在 ZC 故障修复后能正常升级为 CBTC 模式。（8）车载通信故障，断开车载两端 USW（交换机 A/B）空开，列车产生紧急制动。（9）在轨旁模拟放置 2.4G 无线干扰源，不应产生非正常停车的现象。

（四十六）全线降级模式运行测试

全线降级模式运行测试要求：（1）列车出车辆段到达转换停车后，出段能升级点式 ATP 模式，入段能降级 RM 模式。（2）RM 超速、点式 ATP 超速、倒退超速后列车紧急制动。（3）列车采用点式 ATP 模式驾驶列车运行一个交路，列车运行正常，没有产生紧急制动或常用制动。（4）列车在联锁控制级别下，经过两个信标后实现定位，经过一个有源信标能升级为点式 IATP 级别并以 ATP 模式驾驶。（5）列车点式 ATP 级别运行时，当前方轨道区段占用在越过信标时能收到零速度码，列车自动停车。（6）列车以点式 ATP 模式和 CBTC-ATPM 模式运行一个交路，列车运行正常，没有产生紧急制动或常用制动。

（四十七）信号与大屏测试

信号与大屏测试要求：（1）大屏正确显示列车、道岔位置、信号机显示、轨道占用、屏蔽门状态、站台紧停按钮状态。（2）大屏与调度 ATS 工作站显示一致性。

（四十八）屏蔽门与车门联动同步测试

屏蔽门与车门联动同步测试要求：（1）屏蔽门系统在关闭状态时向信号系统反馈"PSD 关闭且锁紧状态"，信号稳定与现场一致性良好。（2）屏蔽门系统在打开状态时进行互锁解除操作，向信号系统发送"PSD 互锁解除信息"，信号系统能正确反应。（3）信号系统对屏蔽门系统输出"开门命令"，屏蔽门能正确动作。（4）信号系统对屏蔽门系统输出"关门命令"，屏蔽门能正确动作。（5）经信号系统确认车门及屏蔽门均已关好才允许停站列车启动或进站列车进站。（6）列车车门与屏蔽门在各种开门模式下均应正确同步开启/关闭。

（四十九）信号与车辆测试

信号与车辆测试要求：（1）车辆系统正确接收信号车载设备给出的信号。（2）信号车载设备正确接收车辆系统给出的信号。

第三节 地铁信号系统联调记录

地铁信号系统联调需要详细记录，列车自动控制系统与其他接口联调测试记录表如表 9-1 所示。

地铁信号系统联调记录表　　　　　　　　　　　　表 9-1

序号	操作步骤	测试要求	结果	备注
列车自动保护模式测试：列车定位且能被识别，且停在正线或站台或者存车线，进路未办理				
1	列车模式为 RMF 模式，且定位	在 DMI 上检查 ATP 模式是否不可用	□合格　□不合格	
2	在 ATS 上办理一条进路以便列车能收到许可的授权终点	检查 DMI 上 ATP 模式是否可用	□合格　□不合格	
3	司机把驾驶模式转到 ATP 模式	检查 ATP 模式是否为有效模式，ATP 相关功能是否正常	□合格　□不合格	
列车自动驾驶模式测试：列车以 ATP 模式在线路上运行				
1	以 ATP 模式在限速下驾驶列车	在 DMI 上检查实际速度是否符合速度限制并检查 ATO 模式是否可用	□合格　□不合格	
2	在列车运行过程中把驾驶模式从 ATP 转到 ATO 模式	检查列车是否进入 ATO 模式且以 ATO 模式运行；检查 DMI 上 ATP 模式是否可用	□合格　□不合格	
3	以 ATO 模式驾驶列车	检查 ATO 相关功能是否正常	□合格　□不合格	
列车自动驾驶模式精确停车测试：列车以 ATO 模式在线路上运行				
1	以 ATO 模式驾驶列车	在 DMI 上检查实际速度是否符合速度限制并检查 ATO 模式是否可用	□合格　□不合格	
2	读取每个车站的停车距离	列车停站精度为±30cm	□合格　□不合格	
3	检查车门打开	车门可以正常打开	□合格　□不合格	
全线旅行速度测试：列车以 ATO/ATP 模式在线路上运行				
1	以 ATO/ATP 模式驾驶列车	在 DMI 上检查实际速度是否符合速度限制并检查 ATO/ATP 模式是否可用	□合格　□不合格	
2	从 ATS 上，发送一个与场景匹配的"发车时间"和"下一站到达时间"进行测试	全线平均旅行速度不低于 35km/h	□合格　□不合格	
多车紧追踪等测试：2 列车以 ATO/ATP 模式在线路上运行				
1	第一列车停止，第二列车以 ATO 模式接近。当第二列车完全停止后，测量两车之间的距离	检查两车之间的距离是否大于安全余量	□合格　□不合格	
2	在区间，第一列车以 ATP 模式运行一段距离后采取全制动；第二列车以 ATO 模式运行	检查第二列车的目标速度是否降低且 ATO 采取制动；检查第二列车有没有触发 EB	□合格　□不合格	

第四节　地铁信号系统 144 小时连续性、可靠性测试

地铁信号系统 144 小时连续性、可靠性测试，是验证信号系统综合联调可靠性的重要环节，是地铁试运营的安全保障，是试运营基本条件评审检查的重要内容。

一、地铁信号系统 144 小时连续性、可靠性测试内容

1. 联锁和列车自动保护模式（ATP）一般安全功能。
2. 联锁、列车自动保护模式（ATP）/列车自动驾驶模式（ATP）、列车自动监控（ATS）各子系统可用性。
3. 试验期间没有由于信号系统故障导致任何列车晚点的情况发生。
4. 列车不因信号系统原因产生非期望的紧急制动。
5. 停车精度在±300mm 内、±500mm 内的兑现率。
6. 实际时刻表与计划时刻表的平均偏差情况。
7. 列车在中间站的到达或出发时间偏离时刻表情况。
8. 列车在终端站的到达或出发时间偏离时刻表情况。
9. 信号系统导致大于 15s 的时刻表延迟率。

二、地铁信号系统 144 小时连续性、可靠性测试要求

1. 基于联锁和列车自动保护模式（ATP）一般安全功能，系统提供 100％安全操作，试验期间没有安全故障。
2. 联锁、列车自动保护模式（ATP）/列车自动驾驶模式（ATP）、列车自动监控（ATS）各子系统可用性都不低于 99.9999％，试验期间没有安全故障。
3. 试验期间没有由于信号系统故障导致任何列车晚点 15min 的情况发生。
4. 列车不因信号系统原因产生非期望的紧急制动；且列车不因信号系统原因产生非期望的紧急制动发生率须小于 1.5 次/（万公里·列车）。
5. 停车精度在±300mm 内的兑现率为 99.998％；停车精度在±500mm 内的兑现率为 99.9998％。
6. 实际时刻表与计划时刻表的平均偏差小于 5s，时刻表实现率为 99.5％。
7. 列车在中间站的到达或出发时间偏离时刻表小于 15s。
8. 列车在终端站的到达或出发时间偏离时刻表小于 15s。
9. 信号系统导致大于 15s 的时刻表延迟率小于 0.01％。

三、144 小时连续性、可靠性测试停站精度测试

144 小时连续性、可靠性测试停站精度测试，是为了验证 ATC 通信列车停站精度是否达到要求。下面是某条线路停站精度测试实例：

停站精度测量的目的是验证 ATC 通信列车在×号线的 36 个车站站台在±0.3m 精度范围内正常停车。

测试场景：通过人工方式测量记录 5 辆列车在试运行期间在 36 个车站的停站数据。

运行方向：时刻表规定的运行方向。

列车模式：所有车均为自动驾驶模式。
门模式：所有车均为自动开关门模式。
列车数量：5
站台数量：36
车站停车数据：共有540个采样数据（见表9-2～表9-4），表中数据具有严格的数字格式。

每个站台停车精度计数　　　　　　表9-2

站台	停站次数合计	±0.3m内停站计数	±0.5m内停站计数
BQC1	15	15	15
NHD1	15	15	15
JAJ1	15	15	15
RAJ1	15	15	15
WCZ1	15	15	15
XDM1	15	15	15
PXJ1	15	15	15
XHJ1	15	15	15
HBX1	15	15	15
XJP1	15	15	15
SYL1	15	15	15
XGL1	15	15	15
XHL1	15	15	15
WJD1	15	15	15
WJZ1	15	15	15
CMT1	15	15	15
CHF1	15	15	15
DFC2	15	15	15
CHF2	15	15	15
CMT2	15	15	15
WJZ2	15	15	15
WJD2	15	15	15
XHL2	15	15	15
XGL2	15	15	15
SYL2	15	15	15
XJP2	15	15	15
HBX2	15	15	15
XHJ2	15	15	15
PXJ2	15	15	15
XDM2	15	15	15
WCZ2	15	15	15
RAJ2	15	15	15
JAJ2	15	15	15
NHD2	15	15	15
BQC2	15	15	15
YZH1	15	15	15
合计	540	540	540

每列车性能总结　　　　　　　　　　　　　　　　　　　　　表 9-3

编号	列车号	停车精度（cm）		停车数
		平均值	停车偏差	
1	G09	−3.51	6.51	108
2	G11	−6.5	6.01	108
3	G16	−1.68	4.20	108
4	G17	−0.1	6.19	108
5	G27	3.31	5.69	108
合计		−1.70	5.72	540

总体性能总结　　　　　　　　　　　　　　　　　　　　　表 9-4

	$X_d \leqslant 30cm$	$30cm < X_d < 50cm$	$X_d \geqslant 50cm$	合计
次数	540	0	0	540
平均值	−1.70	0	0	−1.70
停车偏差	5.72	0	0	5.72

测试结果：实测数据表明，540 次的自动驾驶模式列车未出现超出±0.3m 停车精度的范围，VOBC 软件将继续根据收集的试运行数据进行精度调整，优化停站精准度。根据数据统计分析，测试的性能达到了在±0.3m 范围内的正确率为 99.99% 的要求，并满足系统设计的技术要求。

四、144 小时连续性、可靠性安全指标验证

安全指标验证的目的是验证信号系统提供 100% 的安全运行，下面是某条线路安全性指标验证实例：

某条线路 144 小时连续性、可靠性安全指标验证测试过程中，信号系统的 CBTC 及联锁功能均正常，期间未出现任何安全故障，满足要求。

144 小时系统测试期间具体运营故障统计如表 9-5 所示。

×号线工程信号系统 144 小时系统测试故障统计表　　　　　　　　　　　表 9-5

日期	计划列车数	实际列车数	列车运行时段	故障统计						
				非预期紧急制动	操作不成功时数	信号系统故障（导致列车晚点15min）次数	不满足停车精度±0.30m的次数	不满足停车精度±0.50m的次数	时刻表未兑现的次数	ATP安全功能异常次数
9月3日	22	22	6：30～23：00	0	0	0	0	0	0	0
9月4日	22	22	6：30～23：00	0	0	0	0	0	0	0
9月5日	22	22	6：30～23：00	0	0	0	0	0	0	0
9月6日	22	22	6：30～3：00	0	0	0	0	0	0	0
9月7日	22	22	6：30～23：00	0	0	0	0	0	0	0
9月8日	22	22	6：30～23：00	0	0	0	0	0	0	0
总计	132	132		0	0	0	0	0	0	0

第五节 地铁信号系统联合调试中部分常见问题

地铁信号系统联调中，主要是软件、设备问题；软件需要及时更新、升级、验证，以保证列车运行的安全性、可靠性；设备问题需要及时解决。表 9-6 是地铁信号系统联调中部分常见问题。

地铁信号系统联合调试中部分常见问题　　　　表 9-6

序号	类别	地铁信号系统联合调试中部分常见问题	问题处理	备注
1	软件	自动驾驶模式列车出现超出±0.3m 停车精度的范围限制情况，即 ATO 模式到站停车过冲； 列车 SD 报红故障； 列车 ATO 无法在站台发车问题，需 ATP 发车后再转 ATO； 车载 VOBC 启动自检时间过长，需要 110s 左右； 列车在场段转换轨 2 投入失败，无法建立 ATP 模式； 列车报单 VOBC 未激活（不可切换），列车 VOBC 在场段转换轨处失去通信，3s 内恢复，部分与相邻 ZC 丢失通信，3s 内恢复； 系统扣车功能权限不清晰，车站 LATS 和信号维护工作站都具备全线扣车功能； 列车在运行时会突发两端 VOBC 均为激活状态的故障，3s 内恢复； 自动列广报站系统时间不准确，在部分区间提前报站； ATS 给 VOBC 施加 5km 限速，VOBC 不作任何处理；ATS 给 VOBC 施加 10km 限速，VOBC 在 RMF 或 ATPM 模式下会死机； ATPM 无法进 YZH2 站台，在停准前最大速度降为 0，无法以 ATPM 模式停准； 控制中心骨干网环网单点故障引起全网 L3 交换机挂红； 车站屏蔽门远期预留位置列车进站停车安全防护问题； 列车在转换轨处，报单 VOBC 未激活不开切换	软件问题主要是信号系统商通过修改软件、优化软件、升级软件解决；中继交换机配置问题，系统承包商处理	
2	设备	车速度传感器无防松措施； 电源屏监测单元报警监测模块故障； 电源屏有漏流报警； 信号机信号点灯单元均无法报警； 辙机机内潮湿有明显锈蚀； 尖轨变形严重； 道岔偶发电气故障失去表示； PMI 机柜的 KVM 机故障； 道岔失表； MAU 与 VOBC 的 1s 丢通信； MEI 日志报 B 机 27 号输出板卡故障； SD2 自动模式下屏蔽门关门延时时间较长；上下行 PSD 在 ATS 界面上显示会有自动开关门现象，继电器不停跳动，但现场实际屏蔽门并未开关； 列车快速驶入时屏蔽门会瞬间打开后关闭； SXHL1 信号机绿灯、黄灯故障； Thbx26 计轴受扰无法出清； SCOMA 机故障； 时钟服务器故障，影响车地通信； 轨行区有积水、有杂物、三轨罩板脱落影响列车正常运行； PMI 不稳定； 基站驻波比异常； 车地通信不稳定，岔前车地通信、站站之间通信存在丢失情况	信号系统调试商和信号施工单位及相关单位处理	

第十章　地铁车辆系统联调

第一节　地铁车辆系统简介

地铁系统是由电力牵引、轮轨导向，涵盖城市地区各种地下与地上的路权专有、高密度、高运量按图运行的城市轨道交通系统，而地铁车辆是地铁系统中最关键、最复杂、多专业综合性产品，是地铁系统的重要组成部分。地铁车辆具有容量大、自动控制运行、安全、可靠、快速、美观、节能、走行地下空间等特点。

地铁车辆运营时，一般采用动拖结合、固定编组，形成电动列车组；地铁列车编组通常由四辆车、六辆车、八辆车组成，四辆车编组主要采用二动二拖；六辆编组主要采用四动二拖或三动三拖；八辆车编组主要采用六动二拖。

目前，国内地铁采用的地铁车辆类型一般分为 A、B、C 三种，设计时速一般为 80～100km/h，最高时速可达 160km/h。

地铁车辆一般由车体、动力转向架和非动力转向架、牵引缓冲连接装置、制动装置、受流装置、车辆内部设备和车辆电气系统组成。

地铁车辆一般采用直流 1500V（或 750V）接触网（接触轨）供电，走行轨回流方式牵引；车上配有车载通信系统和乘客信息系统。

新型地铁车辆采用无摇枕转向架，运行更加平稳；列车空调采用变频热泵式空调机组，可根据列车室内实际冷、热需求调节运行频率供出冷风、热风，列车室内温差更小，乘坐更加舒适、节能；多媒体显示屏采用 21.5 寸高清 LCD 显示屏，乘客视觉更佳；列车电路采用可编程逻辑控制单元（LCU）替代机械触电继电器，可提高车辆控制电路的可靠性，减少电气故障；列车采用高分子复合材料，具有更优的防火及隔音性能。

《城市轨道交通试运营基本条件》GB/T 30013—2013 要求联合调试后试运行期间，各列车累计在线运行里程不应少于 2000km，从而保证试运营车辆安全。

车辆段列车带电调试如图 10-1 所示。

图 10-1　车辆段列车带电调试

第二节　地铁车辆系统联调

地铁车辆需要经过全面的静态、动态调试及完整的型式试验，对牵引、制动等关键指标进行实际测试。

车辆系统测试内容包括车辆动力学及动应力、电磁兼容性、静态限界等项试验，试验数据均需满足设计及相关标准要求，并出具试验报告。

（一）车辆设备系统功能验证联调

车辆型车、编组列车、车辆的电气与机械设备配置以及主要技术参数需符合设计要求。

车辆在制造厂内及现场，按照 IEC 61133 标准进行了相关的型式试验和车辆动力学及动应力试验、停车制动试验等，性能和功能满足要求，并有符合要求的试验报告。

车辆厂内型式试验包括：称重、车辆静态限界、与安全相关的试验、架车试验、开关门循环试验、牵引性能试验、辅助供电系统试验、蓄电池应急能力试验、牵引系统试验、制动系统试验、噪声试验、空调试验、照明试验、前照灯照度试验等。

车辆现场型式试验包括：动力学测试、整车 EMC 试验、列车牵引极限能力测试、列车辅助电源蓄电池极限能力、车辆超速保护功能测试、车门安全防护功能测试、列车故障运营性能试验、救援试验、牵引曲线测试、制动曲线测试、车辆设备系统能力测试、轨道动态几何状态测试、列车弓网配合关系测试等。

车辆动态测试包括：列车人工驾驶模式下的各种功能；配合通号组完成车载信号、无线列调及与地面 PIS 系统的调试。

列车已安装了车载信号设备，车载无线通信设备工作正常，列车可以适应在 ATO 的自动驾驶模式。

车辆与行车设备系统联合调试符合设计要求，满足运营使用需求及技术合同要求。

（二）轨道动态几何状态测试

轨道动态几何状态测试要求：轨道动态几何参数需符合设计要求。（1）局部幅度值评价结果符合轨道动态几何状态评价允许值。（2）区段质量（均值）评价结果符合轨道不平顺质量指数（TQI）允许值。

（三）车辆动力学响应—运行稳定性测试

车辆动力学性能可分为运行稳定性、横向稳定性、运行平稳性。运行稳定性采用脱轨系数、轮重减载率和轮轴横向力等参数进行评价；横向稳定性一般采用构架横向加速度评估；运行平稳性通过车体振动加速度、平稳性指标和舒适度指标进行判定。

车辆动力学响应—运行稳定性测试要求：轨道状态和车辆运行状态的匹配性，评价需符合车辆安全性要求，即脱轨系数、轮重减载率和轮轴横向力等参数需符合设计和规范要求。

（四）车辆动力学响应—运行平稳性测试

车辆动力学响应—运行平稳性测试要求：轨道状态和车辆运行状态的匹配性，评价需符合乘车平稳性设计要求，即车辆动力运行平稳性指标小于 2.5。

（五）车辆牵引系统温升性能测试

车辆牵引系统温升性能测试，主要检查运营车辆在规定的工作周期内运行时，各关键设备温度的升高是否在该特定设备的设计限定内。

（六）车辆超速保护功能测试

车辆超速保护功能测试要求：车辆自身的超速保护功能的有效性符合设计要求。

(1) 以人工驾驶模式行车，正常持续加速列车至车辆最高运行速度。(2) 列车运行至最高运行速度，当超过最高运行速度时，车辆应自动采取符合车辆自身超速保护设计要求的超速报警及制动保护措施，确保列车超速达到的最高运行速度不超过车辆的结构速度。

（七）车门安全联锁测试

车门安全联锁测试要求：车门与列车牵引控制联锁功能应符合设计要求。（1）列车静止和运行途中拉下车门紧急解锁装置时，对应车门联动功能正确。（2）车门隔离装置有效。（3）车门在关门过程中受到障碍物阻挡时防夹和再关门功能有效。（4）列车客室应急功能等车门安全防护功能正确。

（八）车门故障隔离测试

车门故障隔离测试要求：车门故障隔离功能符合设计要求。（1）按司机室开门按钮，被隔离车门不能打开，其他车门打开。（2）被测车门处于隔离状态，操作紧急解锁装置后，仍然无法手动打开被测车门。

（九）车门障碍物探测测试

车门障碍物探测测试要求：车门防夹和再关门功能正确。被测车门按照设计要求自动循环打开和关闭数次后，车门保持打开状态，关门压力满足设计要求。

（十）列车客室应急功能测试

列车客室应急功能测试要求：客室内应急装置有效，包括应急升弓/靴、应急通风、应急照明、应急广播、应急对讲装置的功能有效。

（十一）列车紧急制动距离测试

列车紧急制动距离测试要求：列车在设计最高运行速度下的紧急制动距离符合设计要求。

（十二）列车联挂救援功能测试

列车联挂救援功能测试要求：一列车故障不能运行时，能通过救援列车联挂并实现操控列车的功能。

（十三）列车弓网配合关系测试（接触网动态几何参数测试、弓网燃弧指标测试、弓网动态接触力测试、受电弓垂向加速度（硬点）测试）

列车弓网配合关系测试要求：接触网动态几何参数、弓网燃弧指标、弓网动态接触力、受电弓垂向加速度（硬点）需符合设计要求，列车弓网状态、弓网关系合理匹配。(1) 接触线拉出值标准：设计值±30mm；接触线高度标准：设计值±30mm；两相邻定位点的高差标准：±20mm；两相邻吊弦点接触线高差标准：±10mm。(2) 燃弧次数应小于1次/160m，燃弧率小于5%，一次燃弧最大时间小于100ms。(3) 弓网动态接触力符合设计标准要求。(4) 受电弓垂向加速度小于 $490m/s^2$。

（十四）车载空调性能测试

车载空调性能测试要求：在设定外部环境条件下，车载空调系统正常工作时，车厢内不同位置的温度、湿度达到设计要求。

（十五）列车车内噪声测试

列车车内噪声测试要求：列车车内噪声水平符合设计要求，即车内噪声限值，地下：司机室 80dB，客室 83dB；地上：司机室 75dB，客室 75dB。

第三节 地铁车辆系统联调记录

地铁车辆系统调试需要详细的调试记录和报告，包括车辆动力学性能测试、牵引电制动性能试验、接触网弓网测试等。

（一）车辆动力学性能测试记录表（见表10-1）

车辆动力学性能测试记录表　　　　　　　　　　　　　　　表10-1

序号	测试内容	测试要求	测试结果	备注
1	脱轨系数 Q/P	$Q/P<0.8$	□合格　□不合格	
2	轮子减载率 $\Delta p/\bar{p}$	$\Delta p/\bar{p} \leqslant 0.6$	□合格　□不合格	
3	轮轴横向力 $H(kN)$	$H \leqslant 10+P_0/3$	□合格　□不合格	
4	横向稳定性	构架横向振动加速度采用 0.5~10Hz 滤波处理，峰值连续振动6次以上$<8m/s^2$	□合格　□不合格	
5	平稳性指标	<2.5	□合格　□不合格	
6	列车纵向冲击率	$\leqslant 0.75m/s^3$	□合格　□不合格	

注：Q 为轮轨横向力（kN）；P 为轮轨垂向力（kN）；$\bar{p}$ 为平均静轮重（kN）；P_0 为静轴重（kN）；ΔP 为轮轨垂向力相对平均静轮重减载量（kN）；H 为轮轴横向力（kN）。

（二）牵引电制动性能试验报告

牵引电制动性能试验报告：包括列车速度、牵引力矩、中间电压、网压、直流电流、逆变输出电流、牵引电机转速、牵引力、电制动力、加速度等测试，测量列车牵引能力和电制动能力，需编制完整的测试报告。

（三）接触网弓网测试记录表（见表10-2）

接触网弓网测试记录表　　　　　　　　　　　　　　　表10-2

序号	测试内容	测试要求	测试结果	备注
1	最大燃弧	$T_{max}<100ms$	□合格　□不合格	
2	检查燃弧率	$\mu<5\%$	□合格　□不合格	
3	检查燃弧次数	$n<1$ 次$/160m$	□合格　□不合格	
4	垂向冲击加速度	$a<490m/s^2$	□合格　□不合格	
5	动态高差	$2A \leqslant 150mm$	□合格　□不合格	

第四节 地铁车辆系统联合调试中部分常见问题

地铁车辆系统联调中常见设备问题，需要厂家及时处理。表10-3是地铁车辆系统联调中部分常见问题。

第十章　地铁车辆系统联调

地铁车辆系统联调中部分常见问题　　　　　　　　　　　　表 10-3

序号	类别	地铁车辆系统联合调试中部分常见问题	问题处理	备注
1	车辆	VIM3 板卡故障； G10 车 TC1 端交换机至 4 车交换机 X1 网线 3&4 号线反接； TC1 端激活后，按压 G10 车 TC1 端无人驾驶模式请求（41-S02）按钮后，输入至 TC1-PPU-P19-C3 为高电位，按压 TC1 端无人折返模式请求（41-S03）按钮后，输入至 TC1-PPU-P6-A5 为低点位； TC2 端激活，G10 车 TC2 端右门开，DCLS1（TC2-PPU-P6-C1）为低电位；按压开/关右门请求按钮（DORR/DCRR），输入至 TC2-PPU-P6-E5/TC2-PPU-P5-E3 均为低电位； 车门无法正常打开关闭； 右侧司机室门行程开关故障（无法闭合），导致 PPU 读到的车门状态与实际不符； TC2 近端激活，无人驾驶模式，ACR2 由 P11-N2 输出的 41405 线错接，导致 ACR2 无法输出； ××车 TC1、TC2 加速度传感器至 PPU-P8 的 A1 和 A5 缺线； ××车 TC1 车载交换机至远端通信链路线序错乱； TC2-TOD 电源连接头与 TOD 卡口不一致，导致无法给 TOD 供电； 车 TC1 交换机至远端 TC2 的 TOD 无法通信； 车辆 TC2 激活时，高速断路器无法闭合，无法动车； ××车两端 P8 的 k4-k5 间电阻为 2.1kΩ，正常值应为 500Ω； ××车在做 TC1-NS 至 TC2-LDC 通信链路验证时，延时过大，丢包率 80%； ××车无人自动折返模式下，命令 ACL1、2 输出，MD1P19-C5 始终为高电位； ××车零速继电器电路接触不良； ××车齿轮间隙不满足（通常为：0.9±0.3mm）要求； 车辆牵引电机异响； 客室乘客和司机的紧急对讲声音偏轻； 车辆超速报警声音太轻	更换 VIM3 板卡； 对网线反接进行整改； 41-S03 与 41-S02 模式按钮对应至 PPU 输入线 41808 与 41809 反接，进行整改； 其他问题由厂家和调试人员处理	

第十一章 地铁工程联合调试实例

地铁工程联合调试是地铁工程的关键项目，正常开通运营的线路是联合调试圆满完成的结果。

本章收集了《×××轨道交通×号线一期工程综合联调监理实施细则》和《×××轨道交通×号线一期工程综合联调报告》，供读者参考。

第一节 地铁工程联合调试监理实施细则实例

地铁工程联合调试工程需要监理单位进行质量、进度控制和安全管理，需要编写联合调试监理实施细则。

《地铁工程联合调试监理实施细则》包括：工程概况、联合调试的目的、联合调试的依据、联合调试的特点、联合调试的监理工作流程、联合调试监理工作的要点、联合调试监理工作方法及措施。下面是××轨道交通×号线一期工程联合调试监理实施细则实例。

《×××轨道交通×号线一期工程综合联调监理实施细则》

一、工程概况

×××轨道交通×号线为2017年建设规划中唯一的市域快线，穿越××中心区、××中心区，沿城市南北向客运走廊布设，连接×××CBD、××老城区、××火车站与××花园，实现××中心区与××中心区的快速直达联系，并沟通了北部和南部两大新城组群，引导城市南北新城组群发展。

×号线一期工程起于××一路和××大道路口南侧的×××站，×××一路、×××、×××路、××大道、××路、××路、××路、××大道、××路、××路、×路走行，止于×××站。一期工程线路长30.86km，全地下线，设站19座，包含换乘站10座，最大站间距3440m，为××路站～×××站（过江段），最小站间距876m，为×××站～×××站，平均站间距1673m。××路站～×××站区间过江段，与市政×××过江隧道合建。

在××、××下行客车铁路线，××、××货车铁路线以及×××堤所围地块设置××停车场；在××铁路南环线以南、在三环线以北，××南路以西，设置×××车辆段与综合基地，与×号线停车场共址。

控制中心设于×××控制中心，与×号线、×号线共址。

综合联调包括供电系统、综合监控系统、消防系统、通信系统、信号系统、门禁系统、自动售检票系统、屏蔽门系统、车辆等系统及接口联合测试，验证各系统之间接口功能，为线路试运行和试运营提供技术保障。

二、综合联调的目的

综合联调是在各专业完成单体设备安装、系统调试及关联系统接口调试工作的基础上,通过一定时间内高密度的列车运行调试,来达到以下目的:

1. 保证各设备系统接口正确、符合规范要求、信息传递无误、系统能够正常联动,检测系统间的接口和通信规约的一致性;检测系统间的联动关系是否同步;检测系统功能是否满足设计要求;检测系统的可靠性、实时性、可维护性等性能指标是否满足设计要求;验证各系统的完整性;验证各设备系统性是否符合运营要求。
2. 验证移动设备与固定设备能否实现最佳的整体匹配。
3. 验证消防联动、火灾模式是否正确、可靠。
4. 验证设备系统及各子系统的安全性是否满足设计要求。
5. 对故障将影响行车安全的子系统,通过联调确认在其故障的情况下能否导向安全。
6. 验证运营公司相关人员对设备的操作和维修能力是否满足运营需求。
7. 解决联合调试中出现的各类问题。

三、综合联调监理依据

《城市轨道交通试运营基本条件》GB/T 30013—2013,《城市轨道交通试运营前安全评价规范》AQ 8007—2013,《城市轨道交通运营管理规范》GB/T 30012—2013,《地铁设计规范》GB 50157—2013,《地下铁道工程施工质量验收标准》GB/T 50299—2018,《城市轨道交通技术规范》GB 50490—2009,《交通运输部关于加强城市轨道交通运营管理的通知》(2014年10月),《建设工程监理规范》GB/T 50319—2013等国家、地方有关法律、法规、规章和技术标准;

各设备系统合同技术规格书和系统接口规格书;

通信、信号、综合监控、供电、门禁、自动售检票、站台门等系统联合调试大纲(调试方案);

各设备系统总进度计划;

通信、信号、车辆、综合监控等最新设计变更文件设计联络会议纪要等;

其他有关系统联调的技术文件和接口文件、会议纪要等;

轨道交通有限公司下发的有关管理文件;

地方省和市政府关于地铁的相关规定。

四、综合联调工程特点

1. 地铁×号线的穿江隧道,将采用公铁合一的方式建设,越江隧道直径达15.2m,是地铁×号线隧道直径的两倍多,是穿越长江的首条公铁合建隧道,也是国内直径最大的江底隧道,它分为上中下三层:上层为公路隧道的排烟道;中间为×××公路隧道行车道,布置单向三车道;下层为地铁×号线行车道及其逃生通道、电缆廊道和排烟道。这是整个工程难度最大、风险最高的施工点。

由于过江段隧道施工地质条件复杂,风险高,工期延迟到2018年,使得×号线一期工程分为××段、××段、过江段分别进入综合联调阶段,综合联调复杂程度增高。

2. 由于过江段隧道滞后贯通，在过江隧道未通情况下，××段、××段综合联调通信利用×号线过江隧道安装 120 芯光纤，构成××段与××段到×××控制中心联络通道，动车联调通信及电力监控中央级调试通道保障工作难度增加。

3. 综合联调涉及专业多，接口复杂程度高，调试科目多，需要各专业协同配合进行调试。

4. 综合联调前置条件需基本具备，才能开始联调。往往风水电单机调试完成不足，单机调试质量不高，影响综合联调进行。

5. 由于风水电专业提供的条件不完全，智能低压设计问题较多，如×××站 2 台排热风机通风空调专业未能提供准确的供电要求，形成智能低压柜安装后又需变更增加功率变频启动，影响了综合监控调试的进行。

6. 综合联调专业多，参加联调人员多，组织难度大，需协调问题多。

7. 隧道出现积水、漏水等情况常见，轨行区杂物、施工物料未清理干净，动车调试车辆人员操作熟悉程度，道岔故障等都给动车联调带来较大的安全风险。

8. 接口联调问题多，统计及消缺工作量大。

五、综合联调监理工作流程

施工单位编写调试方案—监理单位编写监理实施细则—按调试方案进行调试—监理现场见证调试—统计调试问题—跟踪调试问题消缺—收集调试报告和记录—编写联合调试报告—试运行—专家评审—问题整改—试运营。

六、综合联调监理工作要点

1. 督促各专业施工单位编写调试方案（大纲）。
2. 协调各专业接口调试安排。
3. 现场见证调试情况。
4. 综合监控防排烟消防测试（含站台层火灾模式、站厅层火灾模式、列车阻塞及区间火灾模式、气体灭火系统联动、车站消防水系统测试等）。
5. 动车联调。
6. 收集调试报告和记录，编写联合调试报告。
7. 综合联通接口多、问题多，跟踪联调问题整改，是监理工作的要点之一。
8. 动车调试有较大安全风险，做好联调安全监理工作非常重要。

七、综合联调监理工作方法及措施

（一）监理工作方法

通过监理例会协调各专业调试工作；现场见证调试过程；通过业主代表和联调领导小组（联调办公室）处理困难问题；积极组织各专业统计联调问题及消缺；保证联调安全工作落实等。

加强综合联调信息沟通，综合监控专业牵头综合监控和防排烟消防联调，组建××段、××段联调 QQ 群，联调单位负责人员均参加。

综合监控负责每天报告当天调试情况、存在的问题，并预告明天调试工作安排，有计划、有程序开展调试工作，提高调试效率。

动车联调由信号系统单位组建微信群，参与动车联调单位负责人参加，通过微信群实时报告联调情况和问题。

1. 站厅火灾联动步骤

本次系统调试要完成的主要目的是实现车站站厅火灾联动，ISCS、BAS 系统收到 FAS 站厅火灾信号自动联动各设备动作，并监视设备动作状态。

（1）ISCS 端收到 FAS 站厅火灾报警，HMI 上显示报警信信息。

（2）BAS 端收到 FAS 站厅火灾报警，BAS 执行 FAS 发送的火灾模式、HMI 显示相应的火灾模式号，并可查看模式设备执行情况。

（3）ISCS 联动 PIS 发送紧急疏散命令，PIS 屏幕上显示紧急疏散信息。

（4）FAS 主机向低压配电发送切断非消防电源信号，非消防电源切断。

（5）FAS 主机向 PA 发送紧急疏散信号，PA 广播紧急疏散广播。

（6）FAS 主机向 AFC 发送紧急释放信号，AFC 闸机全开。

（7）FAS 主机向 ACS 发送门禁释放信号，ACS 门体全开。

（8）FAS 向电梯发送火灾信号，电梯归首，ISCS 查看相关电梯状态。

2. 站台火灾联动步骤

站台火灾联动调试的主要目的是实现车站站台火灾工况联动，ISCS、BAS 系统收到 FAS 站台火灾信号自动联动各相关设备动作，并监视设备动作状态。

（1）ISCS 端收到 FAS 站台火灾报警，HMI 上显示报警信信息。

（2）BAS 端收到 FAS 站台火灾报警。

（3）BAS 执行 FAS 发送的火灾模式、HMI 显示相应的火灾模式号，并可查看模式设备执行情况。

（4）ISCS 联动 PIS 发送紧急疏散命令，PIS 屏幕上显示紧急疏散信息。

（5）FAS 主机向低压配电发送切断非消防电源信号，非消防电源切断。

（6）FAS 主机向 PA 发送紧急疏散信号，PA 广播紧急疏散广播。

（7）FAS 主机向 AFC 发送紧急释放信号，AFC 闸机全开。

（8）FAS 主机向 ACS 发送门禁释放信号，ACS 门体全开。

（9）FAS 向电梯发送火灾信号，电梯归首，ISCS 查看相关电梯状态。

3. 信号系统主要工作流程

信号系统主要工作流程如图 11-1 所示。

（二）监理工作措施

1. 组建监理联调小组，总监任组长，综合监控、消防、信号、通信、供电、门禁、自动售检票、屏蔽门、电扶梯、通风空调等专业监理参加，全程负责监理联合调试工作。

2. 每周收集各专业《综合联调结果分析及评估结论》，掌握综合联调进程，发现问题及时通知施工单位整改。

3. 每周收集更新《×号线综合联调问题及整改消缺情况统计表（××专业）》，跟踪联调问题整改。

4. 对联合调试反复出现的影响行车、消防联动问题、疑难问题，组织相关单位进行攻关处理。

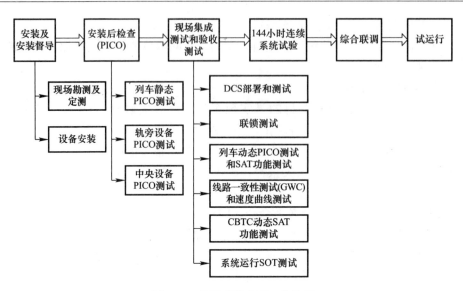

图 11-1　信号系统主要工作流程

5. 严格执行地铁公司轨行区管理规定，安全总监和监理人员加强安全检查，确保动车联调安全。

6. 定期检查联调记录，收集各专业联调报告。

7. 定期组织各专业进行联合调试小结，完善联调工作。

8. 组织编写《联合调试报告》。

(三) 联合调试安全监理措施

1. 严格按照有关规范、规定要求，检查调试单位安全调试方案和落实情况。

2. 严格检查调试单位安全调试协议签订情况，凡是未签安全调试协议的单位和个人，一律不受理施工申请及办理准入证。

3. 严格遵守停、送电制度。

4. 采取有效的安全防范措施，发现调试安全隐患及时通知调试单位整改并跟踪检查。

5. 动车联调必须按照联调办公室调度统一指挥进行，停电、送电、动车必须经联调办公室调度指挥和确认。

6. 动车调试中遇到问题需及时向联调办公室的调度报告，影响动车安全的事项需经联调办公室调度协调和执行联调办公室调度指令。

7. 轨行区要严格按照轨行区管理办法执行，任何违反轨行区管理办法的事项都要及时处理和追究责任。

8. 轨行区施工和调试严格执行请点、消点制度，工完料清。

第二节　地铁工程联合调试报告实例

地铁工程联合调试报告是在参加调试单位调试总结的基础上，由业主委托咨询或监理单位完成的联合调试总结报告，是联合调试情况的真实记录，是试运营基本条件专家评审的重要依据之一。

本书编入×××轨道交通×号线一期工程综合联调报告实例如下：

《×××轨道交通×号线一期工程综合联调报告》

一、工程概况

×××轨道交通×号线一期工程起于××路和××大道路口南侧的×××站，止于×××站，线路长 30.85km，全地下线，设站 19 座，包含换乘站 10 座，平均站间距 1688m。×××～×××站区间过江段，与市政××路过江隧道合建。在××、××下行客车铁路线，××、××货车铁路线以及××××所围地块设置××停车场；在××铁路南环线以南、在××线以北，××南路以西，设置×××车辆段与综合基地，与×号线停车场共址。控制中心设于×××控制中心，与×号线、×号线共址；除利用×号线××××主变电站供电外，在×××站附近新建主变电站一座。×号线一期工程初、近、远期采用 A 型车 6 辆编组，线路及土建预留 8A 条件。DC1500V 接触轨授电方式。

（一）站名、车站类型表（见表 11-1）

站名、车站类型表　　　　　　表 11-1

序号	站名	中心里程	站距（m）	车站形式	备注
1	起点	DK0+000.000			
2	××××站	DK0+152.000		岛式/混合所/跟随所	信号集中站
3	×××站	DK2+289.000	2137.000	岛式/混合所/跟随所	信号集中站
4	×××站	DK4+174.000	4785.000	岛式/混合所	
5	××××站	DK5+760.400	1586.400	岛式	信号集中站
6	××××站	DK7+242.000	1481.600	岛式/混合所	
7	×××站	DK8+406.000	1164.000	岛式/降压所/跟随所	信号集中站
8	×××站	DK9+864.024	1458.024	侧式/牵引所	
9	×××站	DK11+710.000	1845.976	侧站/混合所/跟随所	
10	×××站	DK15+212.014	3502.014	岛式/降压所	
11	×××站	DK16+803.000	1590.986	岛式/混合所	信号集中站
12	×××站	DK18+870.000	2067.000	岛式/混合所	
13	×××站	DK20+011.000	1141.000	岛式/降压所	
14	×××站	DK20+870.000	859.000	岛式/混合所	
15	××火车站	DK22+244.000	1374.000	岛式/降压所	
16	×××站	DK24+103.500	1859.500	岛式/混合所/跟随所	信号集中站
17	×××站	DK25+486.000	1382.500	岛式/混合所	
18	×××站	DK27+780.000	2294.000	岛式/降压所	
19	×××站	DK28+846.823	1066.823	岛式/混合所	信号集中站
20	×××站	DK30+564.000	1717.177	岛式/混合所/跟随所	信号集中站
21	×××车辆段			混合所/跟随所	
22	××停车场			混合所	
23	终点	DK30+807.500			

（二）综合联调参加单位（见表11-2）

综合联调参加单位　　　　　　表11-2

序号	单位属性	单位名称	备注
1	建设	××××集团有限公司	
2	设计	××××勘察设计院集团有限公司、 ×××××××集团股份有限公司	
3	监理	××××××监理有限公司、×××××××监理咨询有限公司、 ××××工程咨询有限公司	
4	施工	略	
5	厂家	略	

二、综合联调组织

（一）综合联调组织架构

1. 综合联调领导小组负责统筹指挥在建线路开通前的综合联调相关工作，具体架构如图11-2所示。

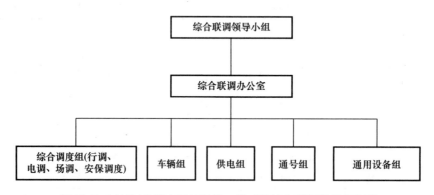

图11-2　×××轨道交通×号线一期工程综合联调组织架构图

综合联调领导小组组成如下：

组长：×××

副组长：×××、×××、×××

成员：×××、×××、××、××、×××、×××、××、×××、××。

2. 综合联调办公室在综合联调领导小组的领导下，负责具体组织协调工作。

3. 综合联调办公室下设5个组：综合调度组（行调、电调、场调、安保调度）、车辆组、供电组、通号组、通用设备组，负责实施综合调试相关工作，每个工作组设组长一名。

4. 联调办公室和各工作组主要责任如下：

联调办公室：负责综合联调期间现场调度工作的管理，由运营公司根据联调进度需求提供相关人员配置，工作职责由建设事业总部管理并承担相关责任，组长由综合联调办公室公室经理担任，运营公司由技术部接口。

综合调度组（行调、电调、场调、安保调度）：负责综合联调行调、电调、场调、安保调度，组长由综合联调办公室经理担任。

车辆组：负责车辆、调车机车的司机调配；负责车辆动态测试，实现列车人工驾驶模式下的各种功能；配合通号组完成车载信号、无线列调及与地面 PIS 系统的调试，配合工务组进行限界检查并确认。负责综合联调期间车辆设备的具体调试工作含车辆系统相关组织保障工作，组长由建设事业总部车辆部经理担任。

供电组：负责综合联调期间供电系统的具体调试工作（含相关组织保障工作）；负责主变电所、牵引变电所、降压变电所、车站及区间的供电系统等设备的调试；负责冷滑前的接触轨精调，组织主变电所负荷测试并送电；参与车辆热滑测试，确保车辆、信号调试的供电安全、可靠。组长由建设事业总部供电部经理担任。

通号组：负责综合联调期间综合监控的具体调试工作（含综合监控系统相关组织保障工作）；牵头组织中央级、车站级、就地级综合监控系统、BAS 系统及接口联调；负责综合联调期间 FAS、气体灭火、切非等消防联调工作含消防系统相关组织保障工作；负责综合联调期间通信设备的具体调试工作（含通信系统相关组织保障工作）；负责综合联调期间信号设备的具体调试工作（含信号系统相关组织保障工作）。组长由建设事业总部通号部经理担任。

通用设备组：负责综合联调期间站台门、电扶梯、车站风水电、区间照明、水泵等具体调试工作（含相关设施设备的保障工作），组长由建设事业总部通用部、站场部经理担任。通用设备部组还负责车站调试期间车站、轨行区安全封闭、现场安全保卫和值守管理工作。

综合联调期间，调试所涉及的设计、监理等单位相关人员以及施工单位项目经理按专业分属各调试工作组。

（二）综合联调的目的

系统联调是在各专业完成单体设备安装、系统调试及关联系统接口调试工作的基础上，通过一定时间内高密度的列车运行，来达到以下目的：

1. 保证各设备系统接口正确、符合规范要求、信息传递无误、系统能够正常联动，验证工程设备系统性是否符合运营要求。

2. 验证移动设备与固定设备能否实现最佳的整体匹配。

3. 验证消防联动、火灾模式是否正确、可靠。

4. 通过联调实际分析，验证工程设备系统及各子系统的安全性是否满足技术要求。对故障将影响行车安全的子系统，通过联调确认在其故障的情况下能否导向安全。

5. 通过系统联调，验证运营公司相关人员对设备的操作和维修能力是否满足运营需求。

（三）综合联调依据

1. 国家、地方、行业的标准、规范和指导性文件

《城市轨道交通试运营基本件》GB/T 30013—2013；

《城市轨道交通技术规范》GB 50490—2009；

《城市轨道交通运营管理办法》（建设部令 140 号，2005 年 8 月 1 日起施行）；

《工程建设标准强制性条文》（建标〔2002〕219 号）；

《建设工程监理规范》GB 50319—2013。

2. 合同文件

×××轨道交通×号线一期工程各设备系统合同文件、机电安装及装修各标段合同文件；

各设备系统合同技术规格书和系统接口规格书。

3. 各专业的标准、规范

《地铁设计规范》GB 50157—2013；

《建设工程质量管理条例》国务院令第 279 号；

《城市轨道交通直流牵引供电系统》GB/T 10411—2005；

《铁路电力牵引供电设计规范》TB 10009—2016；

《轨道交通可靠性、可用性、可维修性和安全性规范及示例》GB/T 21562—2008；

《铁道车辆动力学性能评定和试验鉴定规范》GB 5599—1985；

《地铁车辆通用技术条件》GB/T 7928—2003；

《城市轨道交通信号系统通用技术条件》GB/T 12758—2004；

《城市轨道交通车辆组装后的检查试验规则》GB/T 14894—2005；

《城市轨道交通照明》GB/T 16275—2008；

《城市轨道交通自动售检票系统技术条件》GB/T 20907—2007；

《城市轨道交通运营管理规范》GB/T 30012—2013；

《城市快速轨道交通工程项目建设标准》（建标 104—2008）；

《职业安全健康管理体系审核规范》GB/T 28001—2011；

《城市轨道交通通信工程质量验收规范》GB 50382—2016；

《建设工程文件归档规范》GB/T 50328—2014；

《城市建设档案管理规定》（建设部令第 90 号）；

《城市轨道交通试运营前安全评价规范》AQ 8007—2013；

《城市轨道交通技术规范》GB 50490—2009。

4. 其他文件

通信、信号、综合监控、供电、门禁、自动售检票、站台门等专业联合调试大纲（调试方案）；

各设备系统总调试计划；

通信、信号、车辆、综合监控、供电、门禁、自动售检票、站台门等专业最新设计变更文件和设计联络会议纪要等；

其他有关系统联调的技术文件和接口文件、会议纪要等；

×××市轨道交通有限公司下发的有关管理文件。

（四）综合联调内容

×××轨道交通×号线一期工程综合联调是在各专业系统完成单体调试以及关联设备系统接口调试后进行的综合性测试，主要包括：

1. 车站机电设备综合联调测试实施

车站机电设备综合测试安排 BAS、FAS、ISCS 调试为主线，其中 BAS 以通风空调系统为重点，以风阀、风机、智能低压等被控设备为主，实现车站级综合调试。

FAS 以烟感、手报、切非为重点，同时完成气灭调试。

在车站级调试完毕且中央级具备条件后进行车站的中央级控制验证。

（1）综合监控与环控、FAS、PA、CCTV、PIS、PSD、感温光栅、智能疏散、门禁、时钟等其他系统接口联调，检查其接口和功能是否满足技术需求。

（2）BAS与变频风机、风阀、垂直电梯、电扶梯、FAS、EPS、冷水群控、智能照明、防淹门、全自动防火阀、屏蔽门灯带、人防门、水泵、区间照明、风机仪表箱、风机盘管、平衡阀、空调压差、区间水流指示器、传感器接口调试。

（3）IBP与消火栓泵、排烟风机、ATS、ACS、AFC、PSD联调。

（4）车站火灾联动功能调试。

设备集成供应总包单位将组织机电设备监控系统供应商、各车站设备供应商，会同业主对调试大纲中要求的各项车站设备系统功能，进行逐项调试，并对调试过程中出现的问题与解决办法进行记录，填写调试记录报告，作为车站机电设备系统功能验收的依据。

在车站机电设备系统单机、单系统调试完成后，综合监控系统进行地铁正常运营时的各项整体功能联调，并将车站机电设备系统的主要监控功能在综合监控系统的平台上给予实现。

2. 区间机电设备联调测试实施

区间机电设备测试主要是对区间隧道通风、区间DTS、FAS手报、区间水泵、区间疏散指示等进行调试。

3. 车站消防设备联动测试实施

车站消防联动设备经过初期车站相关设备接口功能联调、问题整改复测后，进行基本消防模式联动功能测试。

消防联动包括400V切非、气灭报警、应急照明、火警触发、消防电话、消防广播、FAS与消防泵、IBP与消防泵、垂梯迫降、FAS与AFC、FAS与ACS、FAS与防火卷帘、站台火灾联动、站厅火灾联动、设备区火灾（非气灭防护区）等消防联动。

4. ISCS中心设备联调测试实施

综合监控与信号测试、区间阻塞测试、区间火灾测试、车站设备控制权等中心设备程序验证、接口调试。

5. 供电系统、PSCADA电力监控系统联调测试实施

供电系统联调包括供电各类设备的检测、试验、继电保护的计算、整定、校验、接触轨冷、热滑试验、×××AC 110kV主变电所与×××AC 110kV主所相互支援供电测试、AC 35kV双电源切换（BZT）测试，AC 35kV馈电线路带负荷过电流保护动作试验，AC 35kV光纤差动保护装置测试，AC 400V双电源切换（BZT）测试，牵引直流系统大双边供电测试、直流系统短路保护试验等。

电力监控联调包括控制中心监控系统，采用××××生产的DSC9000U自动化系统，采用分层分布式结构。系统分为4个部分：站级管理层、远程通信、网络通信层、间隔设备层。

PSCAD在完成车站底层设备接口调试、功能验证后，在OCC电调PSCADA工作站对主变及车站110kV、35kV、1500V、400V及其他功能进行中心级验证。

调试的范围包括XXX轨道交通X号线控制中心PSCADA系统当地监控软件的功能、界面是否满足设计要求，PSCADA系统与变电站的通信是否满足设计要求。

控制中心自动监控系统主要完成对变电所的遥测、遥脉、遥信、遥控、设备管理等功能。

6. 通信关联设备联调测试实施

(1) 时钟接口调试：通信时钟与 ATS、ISCS、ACS、AFC、FAS、PIS、PSCADA 接口调试，时钟系统为各系统校时正确。

(2) 传输与 AFC、ACS、ATS、ISCS、自助图书馆接口调试，实现专业各车站、停车场、车辆段可走传输通道至控制中心。

(3) 无线与 ATS 接口调试，实现列车实时位置信息在控制中心可实时显示。无线与车辆接口调试，实现控制中心总调发布信息，实现车载广播功能；控制中心无线行车调度台可与车载台进行通信，车载台可呼叫车站固定台。

无线通信测试；列车 800M 覆盖测试。

(4) 广播与 ATS、FAS、ISCS 接口调试，车站广播功能测试，OCC 对列车广播测试。

(5) CCTV 与垂直电梯接口测试。

(6) 通信电源与信号、ISCS、AFC、ACS 接口调试。

(7) 通信能力测试。

(8) 调度电话功能测试。

(9) 公务电话功能测试。

(10) 车站站台发车端 CCTV 查看测试。

(11) PIS 系统与广播、通信集中告警系统、ATS、综合监控、PCC、车辆接口调试。

7. 信号关联设备联调实施

信号与大屏、信号与屏蔽门、信号与车辆接口进行调试。

8. 行车类综合联调测试实施

动车调试测试项目主要安排信号系统的动车调试、无线通信场强覆盖、车门与屏蔽门联动测试等。

(1) 车辆设备系统功能验证联调

车辆设备系统功能验证联调包括牵引制动系统性能测试，车辆系统动力学、电磁兼容、辅助系统、车门系统、空调系统、照明系统等型式试验。

车辆牵引力系统、制动系统、空调系统、广播系统、车门系统等各车载系统的例行静态测试及动态试验。

配合通号组完成地面 PIS 与车辆联调试验，完成车载信号与车辆联调试验以及无线与车辆的联调试验。

(2) 信号系统功能验证联调

1) 信号系统调试大致分为轨旁调试、车载调试、LTE 调试和中心调试。其中轨旁调试包含轨旁设备定测、室内上电前检查校线、室内设备上电 PICO 测试、室内外联合调试测试、动车前测试和轨旁功能测试；车载调试包含列车静调、列车动调和列车功能性测试；LTE 调试包含 LTE 静调测试和 LTE 动态测试；中心测试包含控制中心内部测试和外部接口测试。

信号系统调试包括列车最小间隔追踪、折返能力、出入段能力、抗干扰能力测试。

信号系统调试包括列车运行安全防护、列车车站扣车和跳停、列车追踪运行防护功能测试等。

信号与车辆的综合联调以及通信系统与相关设备系统的综合联调作为整个车辆与行车设备系统综合联调的主控项目。

2）信号综合联调联锁功能测试：
① 静态测试：正线区域联锁测试、站台/IBP 紧停测试、扣车测试、屏蔽门测试。
② 动态测试：进路测试（手排进路测试、自动触发进路测试）、双车运行测试（包括追踪、折返等）。
3）信号综合联调 CBTC 功能测试：
① 行车测试：驾驶模式转换测试、ATPM 运行测试、ATO 运行测试、多车运行/混跑测试。
② 防护测试：超速紧制测试、紧停（IBP/站台）/屏蔽门测试、临时限速测试、ATPM 冒进信号测试、道岔失表测试、车门解锁测试、冲标后退开门测试。
③ 冗余/故障测试：车地通信冗余/故障测试（OBRU/LTE 基站）、主用端 VOBC 冗余测试、主用端应答查讯器故障测试、骨干网冗余测试、ZC 冗余测试、计轴故障切除测试。
4）信号综合联调信号与屏蔽门测试：
① CBTC 模式测试：ATPM 对标及车门与屏蔽门联动测试、ATPM 冲/欠标测试、ATO 对标及车门屏蔽门联动测试。
② 故障/防护测试：进站前单门故障测试、进站时单门故障测试、互锁解除测试、出站台后单门故障测试、折返站单门故障测试。
5）信号综合联调信号系统最大运营能力测试：
① CBTC 模式下，电客车正线追踪能力测试。
② CBTC 模式下，电客车折返能力测试。
③ 电客车自动广播/信息显示测试。

（3）供电系统与车辆、信号系统的综合联调科目穿插在车辆与行车设备系统综合联调的各阶段中；适时进行多列车上线进行追踪测试，同时进行供电系统满载符合试验，并通过中央级 ISCS 系统集成 PSCADA，查看接触轨电压等联调试验。在验证车载信号满足试运营要求的同时，对全线供电系统的保驾护航能力进行查定。

（4）列车车门与屏蔽门联动测试，列车控制系统（ATC）与屏蔽门（PSD）联动测试，列车控制系统（ATC）与屏蔽门（PSD）保护区域测试。

（5）无线通信场强覆盖测试。

（6）车辆与行车设备系统综合联调。依次分为无动车行车设备系统综合联调、单列车综合联调、双列车综合联调，直至多列车运行图综合联调等自简单到复杂、循序渐进逐步展开。

（五）联调实施科目

设备系统综合联调根据设备功能属性，按专业制定联调计划、实施联调内容。

根据设备的功能、特性和安装地点，将全线所有设备系统分类为 8 个大类：车站机电设备联调（综合监控系统与各系统接口及基本功能调试），区间机电设备联调，车站消防设备联调，ISCS 中心设备联调，供电系统和 PSCADA 电力监控系统联调，通信关联设备，信号关联设备联调，行车类综合联调。

1. 车站机电设备联调

车站设备包括综合监控主体、不间断电源、应急照明电源、照明配电、门禁、自动售检票、自动扶梯、垂直电梯、给排水、环境与设备监控）、火灾报警、通风空调、综合后备盘、屏蔽门、区间隧道测温等。

综合监控系统与各系统接口及基本功能联调科目及内容如表 11-3 所示。

综合监控系统与各系统接口联调测试科目及内容 表 11-3

序号	测试科目	测试内容
1	1.1	综合监控与环控
2	1.2	综合监控与 FAS
3	1.3	综合监控与 PA
4	1.4	综合监控与 CCTV
5	1.5	综合监控与 PIS
6	1.6	综合监控与 PSD
7	1.7	综合监控与感温光栅
8	1.8	综合监控与智能疏散
9	1.9	综合监控与门禁
10	1.10	综合监控与时钟
11	1.11	BAS-变频风机
12	1.12	BAS-风阀
13	1.13	BAS-垂直电梯
14	1.14	BAS-电扶梯
15	1.15	BAS 与 FAS
16	1.16	BAS-EPS
17	1.17	BAS-冷水群控
18	1.18	BAS-智能照明
19	1.19	BAS-防淹门
20	1.20	BAS-全自动防火阀
21	1.21	BAS-屏蔽门灯带
22	1.22	BAS-人防门
23	1.23	BAS-水泵
24	1.24	BAS-区间照明
25	1.25	BAS-风机仪表箱
26	1.26	BAS-风机盘管
27	1.27	BAS-平衡阀
28	1.28	BAS-空调压差
29	1.29	BAS-区间水流指示器
30	1.30	BAS 与传感器
31	1.31	IBP 与消火栓泵
32	1.32	IBP 与排烟风机
33	1.33	IBP 与 ATS
34	1.34	IBP 与 ACS
35	1.35	IBP 与 AFC
36	1.36	IBP 与 PSD
37	1.37	车站紧停按钮功能测试
38	1.38	车站火灾联动功能

2. 区间机电设备联调测试科目及内容（见表 11-4）

区间机电设备联调测试科目及内容　　　　　表 11-4

序号	测试科目	测试内容
1	2.1	区间隧道通风
2	2.2	区间 DTS、FAS 手报
3	2.3	区间水泵
4	2.4	区间疏散指示

3. 车站消防设备联调测试科目及内容（见表 11-5）

车站消防设备联调测试科目及内容　　　　　表 11-5

序号	测试科目	测试内容
1	3.1	消防联动-400V 切非
2	3.2	消防联动-气灭报警联动
3	3.3	消防联动-应急照明
4	3.4	消防联动-火警触发
5	3.5	消防联动-消防电话
6	3.6	消防联动-消防广播
7	3.7	消防联动-FAS-消防泵
8	3.8	消防联动-IBP-消防泵
9	3.9	消防联动-垂梯迫降
10	3.10	消防联动-FAS-AFC
11	3.11	消防联动-FAS-ACS
12	3.12	消防联动-FAS-防火卷帘
13	3.13	站台火灾联动
14	3.14	站厅火灾联动
15	3.15	设备区火灾（非气灭防护区）联动
16	3.16	气灭防护区火灾联动
17	3.17	车站正常模式启停

4. ISCS 中心设备联调测试科目及内容

综合监控系统与各系统接口及基本功能测试，分中央级的基本功能测试和车站级功能测试，通过测试验证中央级（OCC）工作站和车站级工作站对各个系统设备的远程监测或控制功能，其测试科目和内容如表 11-6 所示。

ISCS 中心设备联调测试科目及内容　　　　　表 11-6

序号	测试科目	测试内容
1	4.1	综合监控与信号
2	4.2	区间阻塞
3	4.3	区间火灾
4	4.4	车站设备控制权

5. 供电系统、PSCADA 电力监控系统联调测试科目及内容

控制中心电力调度通过 PSCADA 工作站对 110kV 主变电所、牵引降压混合变电所、降压变电所、跟随变电所进行遥控、遥测、遥信等功能测试。测试科目如表 11-7 所示。

供电系统、PSCADA 电力监控系统联调测试科目及内容 表 11-7

序号	测试科目	测试内容
1	5.1	冷滑、热滑试验
2	5.2	车辆与牵引供电系统间的短路试验
3	5.3	支援供电
4	5.4	双电源切换
5	5.5	牵引直流系统大双边供电测试
6	5.6	PSCADA 110kV 设备遥控、遥信及遥测功能测试
7	5.7	PSCADA35kV 开关遥控、遥信及遥测功能测试
8	5.8	PSCADA 1500V 开关遥控、遥信及遥测功能测试
9	5.9	PSCADA400V 开关遥控、遥信及遥测功能测试
10	5.10	PSCADA（其他设备）遥信和遥测功能测试
11	5.11	PSCADA 程控卡片功能测试
12	5.12	PSCADA 联跳功能测试
13	5.13	供电能力测试

6. 通信关联设备联调测试科目及内容

通信时钟、广播、PIS、无线、传输等系统与 ATS、ISCS、AFC 存在关联接口，通信系统与各关联系统联调的目的是验证通信系统与各关联系统间的功能和接口的正确性、完整性、实时响应能力；验证各关联功能是否与设计相符，确保各系统间响应能力，其测试科目如表 11-8 所示。

通信关联设备联调测试科目及内容 表 11-8

序号	测试科目	测试内容
1	6.1.1	时钟与 ATS
2	6.1.2	时钟与 ISCS
3	6.1.3	时钟与 ACS
4	6.1.4	时钟与 AFC
5	6.1.5	时钟与 FAS
6	6.1.6	时钟与 PIS
7	6.1.7	时钟与 PSCADA
8	6.2.1	传输与 AFC
9	6.2.2	传输与 ACS
10	6.2.3	传输与 ATS
11	6.2.4	传输与 ISCS
12	6.2.5	传输与自助图书馆
13	6.3.1	无线与 ATS
14	6.3.2	无线与车辆
15	6.3.3	无线通信测试
16	6.3.4	列车 800M 覆盖测试
17	6.4.1	广播与 ATS
18	6.4.2	广播与 FAS
19	6.4.3	广播与 ISCS

第十一章 地铁工程联合调试实例

续表

序号	测试科目	测试内容
20	6.4.4	车站广播功能测试
21	6.4.5	广播功能测试
22	6.5	CCTV 与垂直电梯
23	6.6	通信电源与信号、ISCS、AFC、ACS
24	6.7	通信能力测试
25	6.8	调度电话功能测试
26	6.9	公务电话功能测试
27	6.10	车站站台发车端 CCTV 查看
28	6.11.1	PIS 系统与时钟系统
29	6.11.2	PIS 系统与广播
30	6.11.3	PIS 系统与通信集中告警系统
31	6.11.4	PIS 系统与 ATS
32	6.11.5	PIS 系统与综合监控
33	6.11.6	PIS 系统与 PCC
34	6.11.7	PIS 系统与车辆

7. 信号关联设备联调测试科目及内容

信号设备与屏蔽门、大屏存在接口关系。系统设备与这些关联设备联调的目的是验证关联设备是否能正确接收与反馈相关信息，其测试科目如表 11-9 所示。

信号关联设备联调测试科目及内容　　　　　表 11-9

序号	测试科目	测试内容
1	7.1	信号与大屏
2	7.2	屏蔽门与车门联动同步测试
3	7.3	信号与车辆

8. 行车类综合联调测试科目及内容

×号线一期工程信号系统为 CBTC（基于通信的列车控制）信号系统，包括 ATS 子系统、ATP 子系统、ATO 子系统、计算机联锁（CBI）子系统、集中监测（MSS）子系统、数据通信（DCS）子系统。系统具备 DTB（无人折返）功能和 DTO（有人值守的无人驾驶）功能。联调测试科目及内容如表 11-10 所示。

行车类综合联调测试科目及内容　　　　　表 11-10

序号	测试项目	测试内容
1	8.1	ATS 与时钟
2	8.2	车站紧停按钮功能测试
3	8.3	ATS 工作站操作测试
4	8.4	×××车辆段与正线接口联锁检查测试
5	8.5	计轴受扰测试
6	8.6	人工道岔操作

续表

序号	测试项目	测试内容
7	8.7	列车出段时分测定
8	8.8	列车入场时分测定
9	8.9	区间运行时分查定测试
10	8.10	车站紧急停车功能验证
11	8.11	列车跳停功能验证
12	8.12	列车扣车功能验证
13	8.13	列车限速/超速功能验证
14	8.14	列车退行功能验证
15	8.15	列车紧急停车按钮激活功能验证
16	8.16	列车倒计时功能验证
17	8.17	列车催发功能验证
18	8.18	列车折返时间查定
19	8.19	列车 TOD 显示正确性测试
20	8.20	列车 TOD 与发车表示器倒计时一致性测试
21	8.21	车门及屏蔽门夹物功能验证
22	8.22	屏蔽门故障对列车运行影响功能验证
23	8.23	列车反向测试
24	8.24	列车侧向过岔超过限速应紧急制动
25	8.25	双列车最小间隔追踪保护功能测试
26	8.26	联锁故障
27	8.27	中央服务器故障
28	8.28	列车信号系统 VOBC 故障
29	8.29	DTB（无人折返）功能验证
30	8.30	DTO（有人值守的无人驾驶）功能验证
31	8.31	电源系统功能测试
32	8.32	ATO 停站精度测试
33	8.33	广播功能测试

（六）综合联调前置条件

综合联调开始前，已完成以下单项设备系统工程的安装和调试：

1.全线所有主变电所、开闭所、混合所、降压所、跟随所一次性受电成功，正常投入运行，实现××段（江南段）、××段、过江段分段送电。

2.正线线路、道岔投入使用，完成各段限界检查、整改。

3.分段轨道冷滑和热滑完成。

4.车辆段试车线、运用库、联络线、出入段线、正线区间及折返区间应提供信号和车辆开展全线车载信号调试的作业条件。

5.通信系统完成单系统安装和调试，至少保证提供以下条件：

（1）具备全线无线通话条件（专用无线）。

（2）具备全线有线通话条件（车控室、变电所、电力控制室、通号设备室、信号设备室等关键设备用房专用和公务电话，区间轨旁电话）。

（3）提供全线中央级、车站级可靠稳定的传输功能。

（4）具备全线信号及列车调试的通信和指挥条件。

6. 车辆系统提供足够数量满足动态信号调试的电客列车。

7. 风水电及环控系统施工安装完成，单机调试完成，具备正常工作条件。

8. 火灾自动报警系统、气体灭火、水消防系统、电梯和自动扶梯满足联调需要。

9. 信号系统的主要设备安装完工，车地通信正常，联锁及道岔能够正常工作。

10. 综合监控系统完成本系统调试：

（1）被控设备完成单机测试和单系统调试，且调试结果合格，并经建设单位签证，符合设备安装工程质量验收规范。

（2）ISCS、BAS和综合紧急后备盘（IBP盘）与各接口专业电气线路连接正确，并已正式送电，通信连接经静态调试或模拟试验合格，具备投入综合联调的条件。

11. 屏蔽门、人防隔断门等系统施工安装和调试完成。

12. 车辆段主建筑和主要工艺设备（运用库、联合车库、材料库、综合楼和混合所等）及水处理设施、调车和救援车设施、架车机等用于车辆停放、调试、临时修理和紧急救援的设施设备具备使用条件。

三、综合联调实施过程

2017年×月×日联调工作正式启动，2018年×月中旬结束，历时一年多，分为××段（江南段）、××段（江北段）、过江段联调进行，经历了三个阶段。

（一）联调准备阶段

联调准备阶段以现场调研、踏勘和收集项目各专业设备系统技术合同、编制联调管理文本、综合联调接口技术规格书为主要工作内容。

1. 管理文本编制

为了更好地实施系统设备联调工作，确保联调工作的安全有序进行，联调领导小组对涉及联调工作的各项管理制度、措施、方法进行梳理。

2. 技术文本编制

组织综合调度组、车辆组、供电组、通号组、通用设备组等编写了联调大纲。

3. 跟踪单机调试等综合联调前置条件的情况

跟踪车站风水电单机调试情况、三轨电通、通信、信号单机调试情况、隧道轨道和环境情况，即跟踪检查综合联调前置条件的情况。

（二）联调实施阶段

×××轨道交通×号线一期工程由于过江段隧道土建滞后贯通，综合联调分为××段（江南段）、××段（江北段）、过江段分阶段联调。

联调实施各个阶段，主要进行各相关关联设备的联调、功能验证测试、设备系统能力测试，完成了关键性设备的测试内容。

针对联调过程中发现的问题进行梳理、整改消缺，最大限度确保设备系统满足试运营评审需求。

1. 车站机电设备联调

（1）综合监控联调基本情况

轨道交通×号线一期工程综合监控系统于2017年×月×日正式启动系统联调工作。

根据地理位置和标段的划分，综合监控专业将×号线一期全线划分为××段和××段分别进行的联调工作。××段和××段分别进行了两轮车站级综合联调工作：

××段第一轮：2017年×月×日—2017年×月×日。

××段第一轮：2018年×月×日—2018年×月×日。

××段第二轮：2018年×月×日—2018年×月×日。

××段第二轮：2018年×月×日—2018年×月×日。

第三方消防检测第一轮：2018年×月×日—2018年×月×日。

第三方消防检测第二轮：2018年×月×日—2018年×月×日。

第三方消防检测第三轮：2018年×月×日—2018年×月×日。

2018年×月×日—2018年×月×日完成ISCS中心设备联调测试。

综合监控已完成FAS、BAS、PIS、PA、PSD、ACS、OTM、CCTV、ZNSS、TEL-ALM、AFC、ATS接口车站级、中央级联调。

综合监控完成了全线车站大系统、小系统、隧道系统联动车站模式调试测试，车站模式控制命令正确下发，现场设备动作到位，设备运行状态反馈正常。

综合监控消防联调完成了站厅火灾模式、站台火灾模式、设备区走道火灾模式、气体灭火房间火灾模式全线所有车站测试，正确接收FAS信号并显示在HMI上，联动动作正常，环控设备正确动作。

综合监控ISCS中心设备联动完成了区间隧道火灾模式、区间阻塞模式测试。

综合监控调试详见《车站机电设备联调结果分析及评估结论》。

（2）综合监控与环控BAS测试

2017年×月×日～2018年×月×日××××集团公司建设事业总部组织相关施工、监理、设计、运营等单位，在风水电施工单位以及各接口单位大力的配合下，对××××站、×××站、×××站、××××站、××××站、××××站、××××站、××××站、×××站、×××站、××××站、××火车站、×××站、×××站、×××站、×××站、×××站综合监控与环控进行了联调测试，测试车站ISCS工作站正确显示BAS监控大系统、隧道系统、小系统、模式图形，车站单控设备正常、模控正常，设备报警正确收到；ISCS中央级、车站级工作站BAS系统界面显示正确，BAS设备图形状态和故障信息与实际一致，BAS报警列表信息与实际一致；BAS监控车站空调水系统、车站电扶梯系统、车站智能照明系统、车站广告照明、车站EPS系统、车站给排水系统、车站温湿度、二氧化碳传感器、车站智能低压系统、车站BAS系统图、车站环控参数设定中心ISCS对车站BAS系统操作权限切换、环控时间表查询及恢复正常状态正确；环控专业人员从车站现场观察设备状态正确。

测试结果：符合设计、规范要求，满足运营使用需求及技术合同要求。

（3）综合监控与FAS测试

2017年×月×日～2018年×月×日××××集团公司建设事业总部组织相关施工、监理、设计、运营等单位，在风水电施工单位以及各接口单位的大力配合下，对××××站、×××站、×××站、××××站、××××站、××××站、××××站、××××站、×××站、×××站、××××站、××火车站、×××站、×××站、×××站、×××站、×××站进行了综合监控与FAS联调测试，测试车站

ISCS 工作站正确显示 FAS 设备状态点；ISCS 正确显示报警信息。

综合监控与 FAS 测试：ISCS 中央级、车站级工作站登录并切换到相应画面，车站打开 FAS 系统车站界面，FAS 设备图形状态和故障信息与实际一致；FAS 报警列表信息与实际一致；ISCS 专业人员通过中央、车站 ISCS 画面监视感烟探测器状态、对应防烟分区正确，FAS 专业人员从车站 FAS 主机观察感烟探测器状态正确；ISCS 专业人员通过中央、车站 ISCS 画面监视手动报警按钮状态；FAS 专业人员从车站 FAS 主机观察手动报警按钮状态正确；ISCS 专业人员通过中央、车站 ISCS 画面监视 FAS 主机状态正确；FAS 专业人员从车站 FAS 主机观察 FAS 主机状态正确；ISCS 专业人员通过中央、车站 ISCS 监视 FAS 其他设备（非消防电源、消火栓、警铃等）状态正确；FAS 专业人员从车站 FAS 主机观察 FAS 其他设备（非消防电源、消火栓、警铃等）状态正确。

测试结果：符合设计及规范要求。

2. 区间机电设备联调（区间隧道通风测试）

2017 年×月×日～2018 年×月×日××××集团公司建设事业总部组织相关施工、监理、设计、运营等单位，在风水电施工单位以及各接口单位的大力配合下，对×××
×-×××区间、×××-×××××区间、×××-×××××区间、××××-×××区间、××××-×××区间、×××-×××区间、×××-×××区间、×××-×××区间、×××-×××区间、×××-×××区间、×××-××区间、×××-××火车站区间、××火车站-×××区间、×××-×××区间、××
×-×××区间、××区间、××-×××区间进行了区间隧道通风测试，测试区间隧道通风综合监控界面图元与实际设备一致，区间隧道通风模式执行及停止成功，信息反馈正确；射流风机图元正确，控制正常；查看事件报警记录正确。

测试结果：符合设计及规范要求。

3. 车站消防设备联动

(1) 站台火灾联动测试

2018 年×月×日～2018 年×月×日××××集团公司建设事业总部组织相关施工、监理、设计、运营等单位，在风水电施工单位以及各接口单位的大力配合下，对××××站、×××站、×××站、××××站、××××站、××××站、×××站、×××站、××××站、×××站、×××站、×××站、××火车站、×××站、×××站、×××站、×××站、×××站进行了站台火灾联动测试，火灾工况站台火灾报警触发正常，FAS 主机火警报警正常；防排烟通风模式启动正常；垂梯迫降；400V 非消防电源切除；事故应急照明强启；消防广播不间断循环播报；闸机释放；门禁释放；按下消防栓箱内消防按钮，车站消防水泵启泵；车站上/下行屏蔽门受控；模拟感温电缆火灾报警，FAS 主机该火灾报警信号显示正常；放烟后，火灾报警正常，火灾模式执行正常，排烟效果好，无串烟情况。

火灾工况 ISCS 端收到 FAS 站台火灾报警；HMI 上显示报警信信息；BAS 端收到 FAS 站厅火灾报警；BAS 执行 FAS 发送的火灾模式、HMI 显示相应的火灾模式号，并可查看模式设备执行情况；PIS 屏幕上显示紧急信息；400V 非消防电源切除，FAS 主机向 PA 发送紧急信号，PA 广播紧急广播——疏散广播；FAS 主机向 AFC 发送紧急释放信号，AFC 闸机全开；FAS 主机向 ACS 发送门禁释放信号，ACS 门体全开；FAS 向电梯发送火灾信号，电梯归首，ISCS 可查看相关电梯状态。

测试结果：符合设计及规范要求。

（2）站厅火灾联动测试

2018年×月×日~2018年×月×日××××集团公司建设事业总部组织相关施工、监理、设计、运营等单位，在风水电施工单位以及各接口单位的大力配合下，对××××站、×××站、×××站、××××站、×××站、×××站、×××站、×××站、×××站、×××站、×××站、×××站、×××站、×××站、××火车站、×××站、×××站、×××站、×××站、×××站进行了站厅火灾联动测试，火灾工况站厅火灾报警触发，FAS主机火警报警，防排烟通风模式启动，垂梯迫降，400V非消防电源切除，事故应急照明强启；消防广播不间断循环播报，闸机释放，门禁释放；按下消防栓箱内消报按钮，车站消防水泵启泵；放烟后，火灾报警正常，火灾模式执行正常，排烟效果好，无串烟情况。

火灾工况 ISCS 端收到 FAS 站厅火灾报警，HMI 上显示报警信息；BAS 端收到 FAS 站厅火灾报警，BAS 执行 FAS 发送的火灾模式、HMI 显示相应的火灾模式号，并可查看模式设备执行情况；ISCS 联动 PIS 发送紧急疏散命令，PIS 屏幕上显示紧急疏散信息；400V 非消防电源切除；FAS 主机向 PA 发送紧急信号，PA 广播紧急疏散广播；FAS 主机向 AFC 发送紧急释放信号，AFC 闸机全开；FAS 主机向 ACS 发送门禁释放信号，ACS 门体全开；FAS 向电梯发送火灾信号，电梯归首，ISCS 查看相关电梯状态。

测试结果：符合设计及规范要求。

4．ISCS 中心设备联调

（1）区间阻塞测试

2018年×月×日~2018年×月×日××××集团公司建设事业总部组织相关施工、监理、设计、运营等单位，在风水电施工单位以及各接口单位的大力配合下，综合监控对××区间等进行了区间阻塞测试，能够收到并显示信号发送的阻塞信号；根据阻塞区间位置，通风模式执行正常；区间火灾模式执行正确，区间设备开启正确；事件报警记录正常。

区间阻塞工况 ISCS 端收到 ATS 隧道区间阻塞报警、隧道火灾报警，ISCS 的 HMI 上显示报警信息并弹出相关阻塞模式、火灾模式弹窗，中心调度点击执行；ISCS 向隧道相邻两站 BAS 发出隧道阻塞模式、火灾模式命令，BAS 执行隧道阻塞模式、火灾模式；BAS 在 ISCS 的 HMI 上显示相应的阻塞模式、火灾模式信号，并可查看模式设备执行情况；ISCS 向 PA 发送紧急信号，PA 广播紧急广播疏散广播；ISCS 联动 PIS 发送疏散命令，PIS 屏幕上显示疏散信息。

测试结果：符合设计、规范要求，满足运营使用需求及技术合同要求。

（2）区间火灾测试

2018年×月×日~2018年×月×日在××集团建设事业总部通号部、站场部、供电部、通用部等相关业主代表的有力组织下，在风水电施工单位以及各接口单位、监理单位的大力配合下，综合监控对××区间等进行区间火灾模式，测试区间火灾模式执行正确；区间设备开启正确；事件报警记录正常。

区间火灾工况，ISCS 端收到 FAS 区间隧道火灾报警，ISCS 的 HMI 上显示报警信信息并弹出相关火灾模式弹窗,中心调度点击执行;ISCS 向隧道相邻两站 BAS 发出隧道火灾模式命令,BAS 执行隧道火灾模式;BAS 在 ISCS 的 HMI 上显示相应的火灾模式号,并可查看模式设备执行情况;ISCS 向 PA 发送紧急信号,PA 广播紧急广播疏散广播;ISCS 联动 PIS 发送紧急疏散命令,PIS 屏幕上显示紧急信息。

测试结果:符合设计、规范要求,满足运营使用需求及技术合同要求。

5. 供电系统调试、PSCADA 电力监控系统联调

2017 年×月×日～2018 年×月×日供电系统、PSCADA 电力监控系统联调在××集团建设事业总部供电部、通号部、通用部等相关业主代表的有力组织下,在供电一标、供电二标、风水电施工单位以及各接口单位、监理单位的大力参与、配合下,供电系统完成了各类设备的检测、试验、继电保护的计算、整定、校验、接触轨冷、热滑试验,×××AC 110kV 主变电所与×××AC 110kV 主所相互支援供电测试、AC 35kV 双电源切换(BZT)测试,AC 35kV 馈电线路带负荷过电流保护动作试验,AC 35kV 光纤差动保护装置测试,AC 400V 双电源切换(BZT)测试,直流系统短路保护试验等。

PSCADA 电力监控系统联调××段于 2017 年×月×日～2017 年×月×日完成××段大部分车站的电力监控远动调试工作。在各部门单位大力配合下,于 2017 年×月完成××段所有正线站点调试工作,于 2017 年×月×日完成跟随所调试工作。

××段于 2017 年×月×日～2018 年×月×日完成远动调试工作。

电力监控在各车站变电所完成了高压 35kV、直流 1500V、400V、交直流屏、温控器、整流器、钢轨电位等设备的遥信、遥测、遥控等试验和调试。

2018 年×月×日完成×××控制中心中央级电力监控调试,电力监控实现了×××控制中心中央级电力监控送电、停电控制及监视,在 OCC 电调 PSCADA 工作站对主变及车站 110kV、35kV、1500V、400V 及其他功能进行中心级验证,联调参与各方一致认为,电力监控系统软件运行稳定,能正确反映现场设备开关信息状态,遥控指令下发、执行、反馈准确,程控指令执行正常,满足电力调度日常使用要求。

供电系统、PSCADA 电力监控系统联调详见《供电系统、PSCADA 电力监控系统联调结果分析及评估结论》。

(1) 接触轨冷滑、热滑试验

2017 年×月×日,××××集团有限公司建设事业总部组织相关施工、监理、设计、运营等单位进行了×××轨道交通×号线一期工程×××站(含车辆段)～×××站区间接触轨冷滑试验,测试车速第一次运行车速 5km/h、第二次正线运行车速 30km/h、车辆段 20km/h。2017 年×月×日进行了×××站(含车辆段)～×××站区间接触轨热滑试验,测试车速 10～35km/h。

2018 年×月×日～2018 年×月×日,进行了×××站—×××站、××停车场冷滑、热滑试验;2018 年×月×日～2018 年×月×日,进行了过江段冷滑、热滑试验;×××轨道交通×号线一期工程正线、车辆段、停车场的接触轨冷滑试验、热滑试验全部完成。

通过接触轨热滑试验全面了解机车受电靴的运行状态,跟踪靴轨受流关系,记录靴轨受流出现火花的处所,检测回流系统状况,并在热滑后进行有针对性的整改。热滑中重点观测接触轨膨胀接头、中间接头、端部弯头以及道岔等处受电靴切入状态和靴轨受流状态。通过试验车低、中、高速的往返运行,有效检测靴轨的实际接触和受流,检测供电系

统存在的工程缺陷，并加以克服，保证正式开通列车的正常运行。

1）接触轨轨面平滑，无突变和跳动，无不允许的硬点；接触轨支撑、接触轨接头、端部弯头、膨胀接头、电连接处、中心锚结处、接地等部件的安装状态，无碰靴、脱靴或刮靴的危险，无严重火花的出现；接触轨系统回路连通和顺畅，接触轨断轨处对列车无失电现象。

2）靴轨跟随性良好，电火花出现频率低；受电靴在膨胀接头处、端部弯头处、中间接头处过渡平顺，在端部弯头处往返转换平滑接触，无刮靴的危险，无严重火花的出现；受电靴在接触轨端部弯头处的切入和脱离状态良好；热滑后受电靴的摩擦损耗正常。

测试结果：符合设计及规范要求，结果满足运营要求，达到接触轨验收标准。

（2）车辆与牵引供电系统间的短路试验

2017年×月×日，受供电系统施工单位×××××集团电务工程有限公司的委托，第三方检测单位××船舶重工集团公司第×××研究所电工产品检测中心在×××轨道交通×号线一期工程×××站牵引降压混合所对703手车直流开关柜进行了现场短路试验。

通过本测试将设计整定计算结果、施工接线正误性、设备动作可靠性以及整个供电臂阻抗校验等几个关键环节联系起来，系统地进行校验，是对主要设备及主保护的整定值及变电所施工接线情况进行的测试。测试主要内容：直流短路电流整定值；短路电流波形；直流断路器烧弧情况；接触轨烧弧情况。

现场试验情况：预设短路点距试品约3.3km，电流峰值14.3kA；母线电压（Us）1627V，燃弧时间56.2ms；过电压2.82kV，断路器合闸时间158.0ms；断路器闭合至大电流脱扣器动作87.8ms。

检测结果：703手车直流开关柜成功分断预设短路电流（检测报告编号：测A2017-639），符合设计及规范要求。

（3）支援供电、双电源切换、牵引直流系统大双边供电测试

1）AC 110kV主变电所相互支援供电测试

2018年×月×日，××××集团有限公司建设事业总部组织相关施工、监理、设计、运营等单位对×××主变电所、×××主变电所进行了相互支援供电测试。×××轨道交通×号线一期工程×××主变电所供电范围为第5供电分区，×××主变电所供电范围为第1、2、3、4供电分区。通过模拟×××主所两路进线同时故障，×号线全线变电所由×××主所供电。倒闸完成，×××主所、×××站、×××车辆段高压进线电压、变电所运行情况正常。×号线×××主所成功实现对×××主变电所供电范围第1、2、3、4供电分区的支援供电。

2018年×月×日～×月×日运营公司组织进行了×××110kV主变电所全所退出运行时，×号线×××主变电所支援供电演练。

测试结果：符合设计及规范要求。

2）AC 35kV双电源切换（BZT）测试

2017年×月×日，××××集团有限公司建设事业总部组织相关施工、监理、设计、运营等单位对×××轨道交通×号线一期工程×××站降压所、××××站混合所、×××站混合所、×××站降压所、×××站混合所、××火车站降压所、×××站混合所等进行了AC 35kV母线自投装置测试，母联柜备自投显示及输出正确。

测试结果：符合设计和规范要求。

3）AC 400V 双电源切换（BZT）测试

2017年×月×日～2018年×月×日××××集团有限公司建设事业总部组织相关施工、监理、设计、运营等单位对×××轨道交通×号线一期工程全线（含车辆段和停车场）变电所（含牵引降压混合变电所、降压变电所、跟随降压所）的 AC 400V 低压母联备自投装置进行了测试，三级负荷切除投入正常、就地自投自复、远方自投自复分合正常，结果显示及输出正确。

测试结果：符合设计和规范要求。

4）牵引直流系统大双边供电测试

2017年×月×日～2018年×月×日，××××集团公司建设事业总部组织相关施工、监理、设计、运营等单位对×××轨道交通×号线一期工程进行了牵引直流系统大双边供电测试，模拟 A、B、C 任意3个相邻牵引降压混合所之间，中间 B 所故障退出运行，经人工确认故障合闸后，由 A、C 两所实行牵引直流系统大双边供电。

测试情况：通过模拟大电流脱扣动作，测试了相邻所间、大双边所间 DC1500V 直流联跳保护装置的可靠性、灵敏性，本侧保护跳闸、对侧联动跳闸显示及输出正确。

测试结果：符合设计和规范要求。

（4）PSCADA35 kV 开关遥控、遥信及遥测功能测试

2017年×月×日～2018年×月×日××××集团公司建设事业总部组织相关施工、监理、设计、运营等单位，在控制中心对××××站、×××站、×××站、××××站、××××站、××××站、×××站、×××站、×××站、×××站、×××站、×××站、××火车站、×××站、×××站、×××站、×××站、×××站、××车辆段、××风井、××风井进行了 PSCADA 35kV 开关遥控、遥信及遥测功能测试，测试电调 PSCADA 工作站界面正确；电调 PSCADA 工作站与变电所综自屏显示内容一致；35kVⅠ、Ⅱ段遥控各开关动作正确；35kVⅠ、Ⅱ段各开关动作信息显示正确。

测试结果：符合设计和规范要求。

6. 通信关联设备联调

通信关联设备联调分为××段、××段、过江段调试。

2017年×月×日～2018年×月×日在××集团建设事业总部通号部等相关业主代表的有力组织下，在××××科技股份有限公司项目部施工单位以及各接口单位、监理单位的大力参与、配合下，完成了通信时钟与 ATS、ISCS、ACS、AFC、FAS、PIS、PSCADA 接口调试，时钟系统为各系统校时正确。

2017年×月×日～2018年×月×日完成了传输与 AFC、ACS、ATS、ISCS、自助图书馆接口调试，实现专业各车站、停车场、车辆段可走传输通道至控制中心。

2017年×月×日～2018年×月×日完成了无线与 ATS 接口调试，实现列车实时位置信息在控制中心可实时显示。无线与车辆接口调试，实现控制中心总调发布信息，实现车载广播功能；控制中心无线行车调度台可与车载台进行通信，车载台可呼叫车站固定台；完成了无线通信测试；列车 800M 覆盖测试。

2017年×月×日～2018年×月×日完成了广播与 ATS、FAS、ISCS 接口调试，车站广播功能测试，OCC 对列车广播测试。

2017年×月×日～2018年×月×日完成了通信与垂直电梯接口测试。

2017年×月×日～2017年×月×日完成了通信电源与信号、ISCS、AFC、ACS接口调试。

2017年×月×日～2017年×月×日完成了通信能力测试。

2017年×月×日～2018年×月×日完成了调度电话功能测试、公务电话功能测试。

2017年×月×日～2018年×月×日完成了车站站台司机屏显示功能测试。

2017年×月×日～2018年×月×日完成了PIS系统与广播、通信集中告警系统、ATS、综合监控、PCC、车辆接口调试。

通信关联设备联调详见《通信关联设备联调结果分析及评估结论》。

(1) 通信传输系统测试

1) 传输系统测试

2017年×月×日～2018年×月×日，受通信系统施工单位××××科技股份有限公司委托，第三方检测单位××××通信信号测试有限公司对×××轨道交通×号线一期工程车站通信传输系统进行了检测（检测报告编号：×××），主要检测情况如下：

SDH光接口性能：主要测试了发送光功率、接收光功率、接收灵敏度、接口比特率偏差、频偏容限、输出抖动、输入抖动容限等性能指标，所有项目测试结果符合相关标准要求。

SDH电接口性能：主要测试了映射误码、去映射误码、AU指针调节、TU指针调节、接口比特率偏差、输入口允许频偏、映射抖动、结合抖动、输入抖动容限等性能指标，所有项目测试结果符合相关标准要求。

MSTP性能指标：主要测试了吞吐量、时延、丢包率等性能指标，所有项目测试结果符合相关标准要求。

MSTP功能测试：主要测试了最小帧长度、最大帧长度、异常帧检测、流量控制、自协商功能、带宽可配、端口汇聚、最小映射颗粒、以太环网功能、业务保护功能等项目，检测结果符合相关标准要求。

SDH系统性能：主要测试了网络接口输出抖动、网络接口输入抖动容限、系统误码性能、系统倒换时间等性能指标，所有项目测试结果符合相关标准要求。

SDH网管功能：主要测试了配置管理功能、性能管理功能、安全管理功能、故障管理功能等功能。

测试结果：所有测试结果符合相关标准要求。

2) 传输与ATS测试

2017年×月×日～2018年×月×日××××集团公司建设事业总部组织相关施工、监理、设计、运营等单位，在控制中心、××停车场××××站、×××站、×××站、×××××站、×××站、×××站、××火车站、×××站、×××站、×××站、×××站、××站、×××车辆段进行了传输与ATS测试，通信传输设备为ATS设备提供传输通道工作正常；传输设备环网切换对ATS设备通信影响；传输设备终端恢复后ATS设备自动恢复传输链接；ATS专业各车站、停车场、车辆段可走传输通道至控制中心，满足ATS数据传输需求。

测试结果：符合设计和规范要求。

(2) 通信时钟系统测试

2017年×月×日～2018年×月×日，受通信系统施工单位××××科技股份有限公司委托，第三方检测单位××××通信信号测试有限公司对×××轨道交通×号线一期工程车站通信时钟系统进行了检测（检测报告编号：×××），主要检测情况如下：

控制中心：一级主母钟断电后，切换至一级备用母钟功能，切换时间不超过5s。一级主母钟恢复，一级备用母钟倒回一级主母钟功能，切换时间不超过5s。一级母钟数字显示板可显示年、月、日、时、分、秒时间信息。运行自如，没有卡滞。

全线各车站、×××车辆段、××停车场：二级母钟能够对其他系统授时。二级母钟断电，系统切换至二级备用母钟，切换时间不超过5s。二级主母钟恢复，二级备用母钟倒回至二级主母钟功能，切换时间不超过5s。与一级母钟恢复连接后，二级母钟能自动校时。二级母钟有数字显示板，显示板上可显示年、月、日、时、分、秒时间信息。运行自如，没有卡滞。二级母钟断电后，子钟保持时间。与二级母钟中断连接后，子钟能保持时间。与二级母钟恢复连接后，子钟能自动校时。子钟可以显示统一的时间，运行自如，没有卡滞。

通过测试验证了控制中心一级主备母钟冗余切换功能、一级母钟显示功能，测试结果符合相关标准要求。

通过测试验证了全线各车站、×××车辆段、××停车场二级母钟授时功能、二级主备母钟冗余切换功能、二级母钟自动校时功能、二级母钟显示功能、子钟时间保持功能、子钟时间校时功能、子钟显示功能等项目。

测试结果：所有测试结果符合相关标准要求。

(3) 无线通信测试

2017年×月×日～2018年×月×日××××集团公司建设事业总部组织相关施工、监理、设计、运营等单位，在××停车场、××××站、×××站、×××站、××××站、×××站、×××站、×××站、××火车站、×××站、×××站、×××站、×××站、×××站进行了无线通信测试，无线对讲机呼入呼出功能正常、通话清晰；车载台呼入呼出功能正常、通话清晰；岔区无线通话正常、通话清晰；车站固定台、手持台、中心调度台均可正常呼入、呼出，信号良好。

测试结果：符合设计和规范要求。

7. 信号关联设备联调情况

(1) 信号与大屏测试

2017年×月×日××××集团公司建设事业总部组织相关施工、监理、设计、运营等单位，在控制中心进行了信号与大屏测试，大屏正确显示列车、道岔位置、信号机显示、轨道占用、屏蔽门状态、站台紧停按钮状态；大屏与调度ATS工作站显示一致性。

测试结果：符合设计和规范要求。

(2) 屏蔽门与车门联动同步测试

2017年×月×日～2018年×月×日××××集团公司建设事业总部组织相关施工、监理、设计、运营等单位，在××××控区、×××控区、××××控区、××××控区、×××控区、××控区、×××控区进行了屏蔽门与车门联动同步测试，屏蔽门系统在关闭状态时向信号系统反馈"PSD关闭且锁紧状态"，信号稳定与现场一致性良好；屏蔽门系统在打开状态时进行互锁解除操作，向信号系统发送"PSD互锁解除信息"，信号系统能正确反应；信号系统对屏蔽门系统输出"开门命令"，屏蔽门能正确动作；信号系统对屏蔽门系统输出"关门命令"，屏蔽门能正确动作；经信号系统确认车门及屏蔽门均已关好才允许停站列车启动或进站列车进站；列车车门与屏蔽门在各种开门模式下正确同步开启/关闭。

测试结果：符合设计和规范要求。

8. 行车类综合联调

根据×××轨道交通×号线一期工程土建进展，行车类综合联调信号调试大致分为江南段（××段）、江北（××段）段和过江段进行。

江南段调试分为正线四个控区、×××车辆段（含试车线）和×××控制中心，控区分别为××××控区、×××控区、×××控区和×××控区。调试范围为物理封闭到×××站大里程洞口（信号机SXJP4&SXJP2处），行车范围从×××站运行到××××左右线直股（不包含××××存车线）。

江北段调试分为正线三个控区和××停车场，控区分别为××××控区、×××控区和××××控区。调试范围为物理封闭到×××小里程洞口（信号机××处），行车范围从××××站运行到×××站进站左右线。

过江段调试从×××站到×××站，全长3502m，安装调试内容包含信标、接近盘、6组信号机和计轴设备以及动车调试。

在××集团建设事业总部通号部等相关业主代表的有力组织下，××××××××交通自动化系统有限公司项目部施工单位以及各接口单位、监理单位的大力参与、配合下，2017年×月×日～2018年×月×日完成轨旁调试，轨旁设备定测、室内上电前检查校线、室内设备上电PICO测试、室内外联合调试测试、动车前测试和轨旁功能测试，测试结果满足运营需求和技术合同要求，评估合格

2017年×月×日～2018年×月×日完成车载调试，列车静调、列车动调和列车功能性测试，具备正线以ATO模式试运行条件，测试结果满足运营需求和技术合同要求，评估合格。

2017年×月×日～2018年×月×日完成LTE调试，LTE静调测试和LTE动态测试已达到行车范围内能较好地保证车地通信质量，满足车地通信需求，测试结果满足运营需求和技术合同要求，评估合格。

2017年×月×日～2018年×月×日完成×××控制中心测试，经过控制中心内部测试和外部接口测试，×××控制中心通信、控制质量已达到要求，2018年×月×日启用×××控制中心，控制××段和××段动车调试，测试结果满足运营需求和技术合同要求，评估合格。

信号关联设备联调详见《信号关联设备联调结果分析及评估结论》。

（1）信号系统与车辆的联调测试

2017年×月×日开始，××××集团有限公司建设事业总部组织相关施工、监理、设计、运营等单位进行了信号系统与车辆的联调测试。

截至2018年×月×日取得了25列车安全证书；计划在2018年×月×日前发布30列车安全证书，并在2018年×月×日前完成所有40列车安全证书发布。

1) 通过测试验证了VOBC响应正确的车辆识别码并验证其报文；验证了报告列车的完整性，牵引受阻和各种故障类别；验证了TOD和车辆（MVB和本地驾驶室激活）接

口；验证了距离测试的正确操作；验证了运行方向测定的正确操作；验证了运行与模拟计算不一致的响应；验证了运行方向反向时的响应；验证了正常运行和超速时速度测试系统的正确反应；验证了列车过冲目标点容忍范围外时 VOBC 将施加紧急制动；验证了 PM 模式、无人驾驶时列车门状态丢失时的响应；验证了门控；验证了条件不满足时 VOBC 将不释放制动或牵引释能；验证了 VOBC 切换的正确响应；验证了 AUTO 模式和列车 RM 模式设备故障类别的报告；验证了激活 TOD、RM 模式、PM 模式、AUTO 模式时提供车载操作员的正确指示；验证了切断和 OFF 模式时 VOBC 提供有限指示给车载操作员；验证了列车超出倒溜容忍范围列车施加紧急制动；验证了列车一般操作模式、运动过程、OFF 模式、列车无人驾驶模式、列车切断模式时的正确操作；验证了 VOBC 健康状态在自检时检查；验证了列车操作员能接收定义事件的声控报警；验证了 VOBC 天线相位的功能和 VOBC 交叉探测的反应。

2）通过测试验证了 CBTC 功能的正确性、完整性及合理性：

行车测试：驾驶模式转换测试、ATPM 运行测试、ATO 运行测试、多车运行/混跑测试正确。

防护测试：超速紧制测试、紧停（IBP/站台）/屏蔽门测试、临时限速测试、ATPM 冒进信号测试、道岔失表测试、车门解锁测试、冲标后退开门测试正确。

冗余/故障测试：车地通信冗余/故障测试（OBRU/LTE 基站）、主用端 VOBC 冗余测试、主用端应答查讯器故障测试、骨干网冗余测试、ZC 冗余测试、计轴故障切除测试正确。

测试结果：信号系统与车辆的联调测试符合设计和规范要求。

(2) 列车运行安全防护测试

2017 年×月×日～2018 年×月×日，××××集团有限公司建设事业总部组织相关施工、监理、设计、运营等单位在××××控区、×××控区、××××控区、××××控区、×××控区、××控区、×××控区进行了列车安全防护测试。对 12 项测试内容全部进行了验证：列车在临时限速区段的超速防护验证；RM 模式下的速度防护验证；列车模式转换验证；站台门故障防护功能验证；前方道岔失表防护验证；列车退行模式开关门功能验证；紧急停车按钮的防护功能验证；列车追踪距离安全防护验证；PM 模式下列车在区间曲线限速（永久限速）区段超速防护验证；ATS 扣车功能测试；列车阻塞信息验证；侧向过岔防护测试。每项测试内容的实际结果与期望结果保持一致，符合系统设计要求，达到预期目的。

测试结果：符合设计和规范要求。

9. 车辆系统测试

×××轨道交通×号线一期工程计划共采购 40 列（240 辆），车辆为 A 型车，DC1500V 接触轨下部受电方式，采用 6 辆编组，四动二拖编组形式。

完成牵引制动系统性能测试，车辆系统动力学、电磁兼容、辅助系统车门系统、空调系统、广播系统等各车载系统的例行静态及动态试验，各项试验数据均满足合同及相关标准要求。

配合完成了地面 PIS 与车辆联调试验，完成车载信号与车辆联调试验以及无线与车辆的联调试验，联调试验均满足运营需求和各系统技术要求。

10. 自动售检票（AFC）线网跑票测试

自动售检票（AFC）线路跑票于 2018 年×月×日在 14 个车站进行了测试，测试正常。在此基础上，自动售检票（AFC）线网跑票测试于 2018 年×月×日在正式线路中进行，×号线一期接入线网，因此本次测试选取×号线两车站××××站和××××站进行测试。测试采用正式智能卡（SAM）及正式密匙的票卡，测试票种包含××地铁全部正在使用的票种（含一卡通）。

跑票测试在 2018 年×月×日上午 8：30 点开始进行，主要测试自动售检票系统自动售票机（TVM）上线路各车站的票价解析是否正确，×号线一期自动检票闸机（AGM）是否能正常处理其他车站进站的车票，以及×号线一期人工售票机（BOM）是否能正常处理其他车站进站的车票。跑票测试于 2018 年×月×日下午 16：30 点结束。

跑票测试后，各测试组组长及各方代表在×××站召开了测试总结会议，各测试组组长对测试过程中发现的问题进行了汇报总结并对测试用的车票、智能卡（SAM）及现金清点，2018 年×月×日晚 18：30，整个联调测试正式结束。

整个测试覆盖 8 条线路，16 个车站，中央计算机（或线路中央计算机）、系统工作站、编码分拣机、车站计算机、自动售票机、闸机等工作正常。

测试结果：各项测试结果均满足合同以及设计和规范要求。

（三）综合联调完成情况汇总表

1. 综合联调汇总表（第一次通过率见表 11-11）

综合联调汇总表（第一次通过率） 表 11-11

联动测试项目分类	单项测试量	单项比重（%）	联调单项完成	联调单项完成率（%）
机电车站设备联调	96	26.3	92	95.83
消防设备联动	54	14.8	54	100
ISCS 中心设备联调	12	3.2	12	50
供电系统、PSCADA 联调	41	11.2	38	92.68
通信设备联调	93	25.5	91	97.85
信号关联设备联调	15	4.1	15	100
行车设备联调	54	14.9	38	66.67
合计	363	100	334	90.76

注：1. 供电系统测试：供电能力测试需要在空载试运行期间陆续安排进行。
  2. 由于过江隧道影响，消防设备联动、行车设备联调未完成项目，预计×月×日完成。

2. 综合联调汇总表（第二次通过率见表 11-12）

综合联调汇总表（第二次通过率） 表 11-12

联动测试项目分类	单项测试量	单项比重（%）	联调单项完成	联调单项完成率（%）
机电车站设备联调	96	26.3	96	100
消防设备联动	54	14.8	54	100
ISCS 中心设备联调	12	3.2	12	100
供电系统、PSCADA 联调	41	11.2	38	92.68
通信设备联调	93	25.5	93	100
信号关联设备联调	15	4.1	15	100
行车设备联调	54	14.9	54	100
合计	363	100	360	99.17

注：供电系统测试：供电能力测试拟在试运管期间进行。

(四) 综合联调过程中存在的问题、解决对策及处理结果

在联调实施过程中，受部分土建施工及设备调试进度、质量影响和过江段隧道施工影响，××段（江南段）联调在2017年×月×日开始，××段联调（江北段）、过江段联调在2017年×月×日开始，整个调试工作在2018年×月中旬基本完成；期间穿插进行联调问题整改消缺工作，重点对A类、B类问题进行整治、消缺，直至完成相关联调测试，对综合联调过程中曾经存在的问题、解决对策及处理结果进行了跟踪。

1. 过江段影响

地铁×号线的穿江隧道，将采用公铁合一的方式建设，越江隧道直径达15.2m，是地铁×号线隧道直径的两倍多，是穿越长江的首条公铁合建隧道，也是国内直径最大的江底隧道。它分为上中下三层：上层为公路隧道的排烟道；中间为×××公路隧道行车道，布置单向三车道；下层为地铁×号线行车道及其逃生通道、电缆廊道和排烟道。这也是整个工程难度最大、风险最高的施工点。

由于过江段隧道施工地质条件复杂、风险高，工期延迟到2018年贯通，使得×号线一期工程分为××段（江南段）、××段（江北段）、过江段分别进入综合联调阶段，综合联调复杂程度增加。

经过参加调试各方努力和协调，采取相应对策，在过江隧道未通的情况下，××段、××段综合联调通信利用×号线过江隧道敷设120芯光纤，构成××段与××段到×××控制中心联络通道，解决了动车联调通信及电力监控中央级调试通道问题。

2. 综合监控问题

综合监控与风水电、环控、风阀接口较多，往往风水电、环控、风阀单机调试不充分，联调初期问题较多，第一轮调试遇到的共性问题：车站还有部分环控设备安装调试未完成以及之前调试完成的部分设备现场出现了故障；400V切非FAS系统部分回路错误；部分车站AFC、PIS设备安装未完成，联调时未联动；部分车站区域存在串烟情况，影响了调试的进行。

经过多次协调，风水电、环控、风阀、FAS单机调试单位加强了单机调试质量，使得单机功能、技术指标要符合设计要求，派出专门技术人员负责调试工作，解决联调中的问题，联调质量和进度大大提高，保证了第二轮调试和第三方消防检测的顺利进行。

3. 车站消防设备联动问题

(1) 模式号没有正确地传给BAS，经过设计院划清防烟分区，确认每个点所在的分区。

(2) 初期AFC、水泵、电梯、水泵、防火卷帘等大多未完成自身单体调试，需以上专业完成自身单体调试后再与其进行接线和调试。

(3) 400V切非端子上有对地电压交流20~100V；有回路未切或切错现象出现。

因端子上有对地电压已造成×××、×××两块回路卡烧坏，配合厂家解决端子上对地电压问题。

设计院重新把400V切非回路梳理后，FAS系统施工单位进行了整改。

4. 供电系统、电力监控问题

(1) 受潮湿环境影响和安装时的缺陷，DC1500V牵引供电系统直流柜对地绝缘一度出现小于$2M\Omega$的情况。当绝缘值极低（小于$0.5M\Omega$）时，在杂散电流作用下，有直流设

备框架对地报警甚至跳闸的可能，存在较大安全隐患。供电安装从 2018 年×月×日～2018 年×月×日对×××车辆段牵混所、×××站牵混所、×××站牵混所、×××站牵混所、×××站牵混所、×××站牵混所、××××站牵混所进行了全面排查和整改，整改后直流柜对地绝缘测试情况统计：×××车辆段牵混所 11.7MΩ、×××站牵混所 5.9MΩ、×××站牵混所 2.3MΩ、×××站牵混所 3.4MΩ、×××站牵混所 2.1MΩ、×××站牵混所 3.5MΩ、×××站牵混所 10.6MΩ、×××站牵混所 14.6MΩ，符合设计要求。

（2）2017 年×月×日，××火车站 35kV 配电变 41 隔离开关遥控存在问题，隔离开关位置卡死，设备厂家通过更换元器件解决问题，于后期进行了复测，测试三次，遥控均正常。

5. 通信联调问题

（1）×××站等无线系统单站集群问题，经查找无线系统 2M 虚接，重新做 2M 头问题得到解决，恢复正常。

（2）2017 年×月×日传输系统××段业务中断，导致各系统业务中断。经查施工人员在×××站整改 ODF 架时误操作，导致传输业务中断，重新插拔跳纤后恢复正常。

（3）2018 年×月×日×××站专用电话系统 CXU 板有告警，不能正常运行。经现场检查，专用电话系统 CXU 板已损坏，更换 CXU 板后，系统恢复正常运行。

6. 信号联调问题

在动车调试过程中，主要遇到以下 8 种问题：

（1）三轨下方有导体异物：及时请点（停电点），排除异物。

（2）通信手持台单站集群：动车过程中，信号专业发现手持台出现单站集群模式，影响正常通信联系，马上报告给通信专业，通信专业收到信息后第一时间查找原因：基站到中心链路故障，即基站到传输中间的网线、协议转换器、两兆线故障；或者传输主干光缆出现问题；或传输系统 2M 板卡、或无线系统 2M 虚接故障。针对手持台单站集群出现故障的原因，通信专业进行了及时整改，恢复了手持台正常通信，满足了信号动车需求。

（3）××车速度传感器：齿轮间隙不符合要求，要求车辆厂家按照信号系统提供的需求进行了整改。

（4）道岔失表问题：由于长时间动车缺乏道岔维护，导致部分道岔有不定期失表现象。当信号调试过程中发现道岔失表，会在日报中反馈出来，通知安装公司在非动车点对道岔失表情况进行了处理。

（5）LTE 动态调试中瞬间丢通信问题：LTE 供应商分析导致丢通信的原因，根据不同原因最终通过修改软件、调整配置以及更换设备来解决瞬间丢通信问题。

（6）信号系统设备故障：发现设备故障问题后，先在现场进行故障排查，确定故障点后，直接更换故障板卡，满足调试需求。

（7）信号系统软件问题：信号动车过程中发现软件问题后，进行问题收集和分析，确定问题点后，修改软件，并同时在实验室进行测试，经实验室测试完成后，发至现场进行软件升级，解决了软件问题。

（8）列车静调发现配线、安装不当：导致信号功能异常问题，要求车辆厂家按照信号系统提供的需求进行了整改。

四、综合联调结果分析及评估结论

联调工作是在设备安装单位系统调试成功的基础上，进行全系统整合调试并模拟运行，验证各系统运行，各系统间接口匹配稳定。检测车站全系统及其防灾联动功能和运营人员应急处置的能力是否满足安全运送乘客的需要。

经过对各系统设备的联调测试，运营行车安全相关的设备系统已初步具备运营使用功能（《综合调试结果分析及评估结论记录表》略）。

五、综合联调的主要数据统计分析

综合联调的主要数据涉及联调科目设置、联调科目完成率、综合联调时间、动车联调时间、综合联调记录、144 小时连续行车可靠性测试成果等，对其进行分析，可反映综合联调的情况，佐证综合联调的可靠性。

（一）综合联调科目设置

综合联调科目设置 146 个，单项调试测试量 363 个，基本覆盖了动车调试、非动车车站设备接口及功能调试，设置合理；调试测试完成率为 99.17％，基本顺利完成各项调试测试工作，保障了运营开通前的基本条件。

（二）动车联调时间充分

××段（江南段）包含×××车辆段至××××站，10 个车站 10 个区间 1 个出入段，一个车辆段，动车联调时间从 2017 年×月×日开始，调试时间非常充分。

××段（江北段）包含××××至×××站，7 个车站 6 个区间 1 个出入段，1 个停车场，动车联调时间从 2018 年×月×日开始，调试时间充分。

过江段包含××××站小里程区间-×××站-过江-×××站-×××站小里程区间，调试时间从 2018 年×月×日开始，×号线全线贯通动车联调。

（三）综合监控调试和车站防排烟试验充分

综合监控车站调试和防排烟试验进行了两轮，第三方消防检测进行了三轮，接口测试、功能测试、接口问题处理充分，防排烟试验充分。

（四）动车调试充分

动车调控区试划分为××××控区、×××控区、××××控区、××××控区、×××控区、××控区、×××控区，划分合理。

非动车调试轨旁定测、室内安装检查、室外安装检查、联锁测试、LTE 基站静调、ATS/DCS 安装检查合格。

动车调试线路一致性测试、移动授权验收测试、PSD/PESB 验收测试、车载验收测试、ATO 验收测试、DCS 验收测试、ATS 验收测试正常，调试充分。

2018 年×月×日取得 30 列车安全证书；在 2018 年×月×日前完成所有 40 列车安全证书发布。

（五）144 小时连续行车可靠性测试成果

1. 测试时间：2018 年×月×日～×月×日。

2. 行车 144 小时连续行车可靠性测试情况：

（1）基于联锁和列车自动保护模式（ATP）一般安全功能，系统提供100％安全操作，试验期间没有安全故障。

（2）联锁、列车自动保护模式（ATP）/列车自动驾驶模式（ATP）、列车自动监控（ATS）各子系统可用性都不低于99.9999％，试验期间没有安全故障。

（3）试验期间没有由于信号系统故障导致任何列车晚点15min的情况发生。

（4）列车不因信号系统原因产生非期望的紧急制动；非期望的紧急制动发生率须小于1.5次/（万公里•列车）。

（5）停车精度在±300mm内的兑现率为99.998％；停车精度在±500mm内的兑现率为99.9998％。

（6）实际时刻表与计划时刻表的平均偏差小于5s，时刻表实现率为99.5％。

（7）列车在中间站的到达或出发时间偏离时刻表小于15s。

（8）列车在终端站的到达或出发时间偏离时刻表小于15s。

（9）信号系统导致大于15s的时刻表延迟率小于0.01％。

六、综合联调专项消缺情况

在联调过程中发现的诸多问题和缺陷需要进行整改和完善，这对综合联调质量和运营安全、可靠性意义重大，本次联调高度重视这一问题。

按问题影响程度，划分为A类、B类、C类，建立了《××号线综合联调问题及整改消缺情况统计表（××专业）》，按问题发生区域、问题描述、问题发现时间、解决问题方案、问题分类、责任单位、整改消缺完成时间、确认人等统计制表，每周更新报给监理单位，跟踪检查问题和缺陷整改消缺情况，保证运营前A类问题消缺整改完成，B类、C类问题消缺整改基本完成，提高了综合联调质量。

A类问题为影响行车、消防验收的问题；B类问题为不影响行车、消防验收，但影响使用功能的问题；C类问题为需要完善的问题。

供电专业针对工程容易出现的重点问题，进行了全面排查问题，为联调和运营正常供电提供了保证。

通信专业聘请第三方检测公司对通信安装工程进行了检测，针对"第三方检测问题库"，××××科技股份有限公司已进行了整改，提高了通信的可靠性。

（一）信号专业综合联调问题及整改消缺情况统计表（见表11-13）

×号线综合联调问题及整改消缺情况统计表（信号专业） 表11-13

序号	设备及编号问题区域	问题描述	问题发现时间	解决方案和结果	问题分类	责任单位	整改消缺完成时间	确认人	备注
1	×××2、××火车站台附近	×××2、××火车站站台附近的场强覆盖较弱，偶发性丢通信，之前一直未出现	2017年×月×日	更换基站之后解决问题	A类	××	2017年×月×日	××	
3	TOCC	临时限速的问题需要分析	2017年×月×日	×××修改软件，已经解决问题	C类	×××	2017年×月×日	××	

续表

序号	设备及编号问题区域	问题描述	问题发现时间	解决方案和结果	问题分类	责任单位	整改消缺完成时间	确认人	备注
14	G02	×××岔区LTE通信还是不好，TOD上出现多次通信丢失报警。	2017年×月×日	LTE问题，待查	A类	×××	2017年×月×日	××	
88	××××	×××2站台有异物	2017年×月×日	三轨异物已处理	A类	三轨异物	2017年×月×日	××	
92	×××	×××下行245-246处有积水	2017年×月×日	已经处理	A类	土建	2017年×月×日	××	
93	×××	电源屏IPS1D93至R6-D1-5/6没有供电，空开为合上状态	2018年×月×日	电源屏厂家排查发现电源屏内部屏2至屏11D93的环线没有安装，导致1D93无电，增加后恢复正常	B类	××	2018年×月×日	×××	
97	××	BQC2屏蔽门为打开状态无法关闭	2018年×月×日	屏蔽门专业测试，已恢复	A类	屏蔽门	2018年×月×日	×××	
103	×××	×××2/4号道岔失表	2018年×月×日	需要×局请点整改	A类	××	2018年×月×日	××	

参加调试单位每周统更新统计表，跟踪问题统计和消缺情况，对影响行车安全的A类、B类问题、缺陷，落实解决措施和专人负责，形成闭环机制，及时消缺。对于C类问题、缺陷制定整改期限，使其满足运营条件。

（二）综合联调专项消缺情况统计

1. 综合联调专项消缺情况统计（见表11-14和图11-3）

综合联调专项消缺情况统计表　　　　　　　表11-14

联动测试科目分类	A类问题	整改数量	整改率（%）	B类问题	整改数量	整改率（%）	C类问题	整改数量	整改率（%）	备注
综合监控环控设备系统	344	344	100	567	567	100	95	95	100	
FAS、气灭、门禁、屏蔽门	9	9	100	117	112	95.7	286	263	91.96	
供电系统、PSCADA电力监控系统	34	34	100	60	60	100	812	786	96.8	
通信系统	20	20	100	110	105	95.5	65	58	89.2	
信号系统	85	85	100	51	51	100	11	11	100	
合计	492	492	100	905	895	98.9	1269	1213	95.6	

2. A类、B类、C类问题分析

据不完全统计，综合联调各类问题共2666个，其中A类问题492个，占总问题的比重为18.5%，整改完成率100%；B类问题905个，占总问题的比重为33.9%，整改完成率98.9%；C类问题1269个，占总问题的比重为47.6%，整改完成率95.6%。

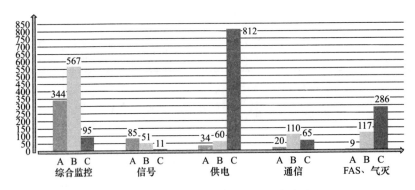

图 11-3 综合联调专项消缺问题统计图

(1) A 类问题主要集中在软件、设计、设备、安装、管理方面。

1) 软件主要问题：

① 临时限速的问题需要分析，信号系统承包商修改软件，已经解决问题。

② ATPM 无法进 YZH2 站台，在停准前最大速度降为 0，无法以 ATPM 模式停准，信号系统承包商修改软件，已经解决问题。

2) 设计主要问题：

① ××××站车地通信不稳定，站站之间经常丢失通信，经查找是 LTE 基站时钟同步方式配置有问题，修改配置后正常。

② ××××站轨行区外有 10 个轴线的走道，按照消防规定需加单独模式，与设计沟通后已修改。

③ ××× 400V 联调时，有箱号与名称不符，切非切到实际是环控电源，与设计沟通后已解决。

④ ×××环控柜增加排烟风机软启动柜。

3) 设备主要问题：

① ×××2、××火车站站台附近的场强覆盖较弱，偶发性丢通信；经查属于基站问题，更换基站之后问题解决。

② RAJ03A 基站处上行速率不达标，经查属于基站问题，更换基站之后问题解决。

③ G04 车 TC2-TOD 电源连接头与 TOD 卡口不一致，导致无法给 TOD 供电，属于车辆方问题，车辆方已完成整改。

④ 车辆 TC2 激活时，高速断路器无法闭合，无法动车，牵引供应商处理后恢复。

⑤ 测量 G28 车齿轮间隙不满足（通常为：0.9 ± 0.3mm）要求，属于车辆问题，车辆已完成整改。

⑥ 信号机 SPXJ2 绿灯故障，信号安装已更换绿灯。

4) 安装主要问题：

① 通信手持台单站集群，属于基站到中心链路故障，即基站到传输中间的网线、协议转换器、2M 线故障；或者传输主干光缆出现问题；或传输系统 2M 板卡，或无线系统 2M 虚接故障等。针对手持台单站集群出现故障的原因，通信专业已进行了及时整改，恢复了手持台正常通信，满足了信号动车需求。

② 道岔失表问题，道岔转辙机基坑积水严重，转辙机泡水锈蚀，造成电路短路；需

要进行排水和更换受损转辙机和电路。

道岔尖轨变形，需要轨道安装单位处理完成后细调。

道岔维护不及时，导致部分道岔有不定期失表现象。信号安装公司和轨道安装单位在非动车点对道岔失表情况进行了处理。

③ 排风排烟机 BAS 界面监控风机，界面设备状态不对，风水电施工进行调试之后，BAS 界面监控正常。

④ BAS 界面监控隧道风机，界面设备状态不对，风水电施工单位进行单体调试之后，BAS 界面监控正常。

⑤ ××火车站 BAS 系统监视排烟防火阀，空间狭小，无法调试；风水电施工单位开检修口后，调试防火阀，BAS 界面监视正常。

⑥ ××火车站 BAS 系统监视排烟防火阀，现场阀门无法关闭，出现阀故障；防火阀厂家维修防火阀后，BAS 界面监视正常。

⑦ ×××站 BQC2 屏蔽门为打开状态，无法关闭，屏蔽门专业检查整改，已恢复。

5）管理方面主要问题：

① 2018 年×月×日××火车站出站有积水淹过轨面，列车无法通行；站场部联系土建单位抽水已处理。

② 2018 年×月×日×××1 站台三轨防护罩脱落影响列车通行，供电专业停电后已处理。

（2）B 类问题主要集中在设备、安装方面。

1）设备方面：

① 电源屏 IPS1D93 至 R6-D1-5/6 没有供电，空开为合上状态；电源屏厂家排查发现电源屏内部屏 2 至屏 1 1D93 的环线没有安装，导致 1D93 无电，增加后恢复正常。

② 控制中心骨干网环网单点故障引起全网 L3 交换机挂红问题，经查属于中继交换机配置问题，信号系统承包商进行整改已解决。

③ ×××站信息网络交换机通电无法启动，通信专业替换测试，确认故障，返厂维修，已解决。

④ ×××站 CCTV 交换机无法启动，通信专业确认故障，返厂维修。

⑤ ××××站服务器 VM5500-E 无法进入系统，下级域掉线；通信专业 VM5500-E 服务器更换整机，重新升级系统并恢复数据库。

⑥ ××××站大厅时钟日期显示故障，时钟日期显示板故障，已更换。

2）安装主要问题：

① ×××站个别气灭盘有故障灯常亮，施工单位查线后已解决。

② G23 车 TAU 电源连接器未安装，已通知车辆整改完成。

③ 在做 TC1-NS 至 TC2-LDC 通信链路验证时，延时过大，丢包率达 80%，经检查发现 G23 车第 4 车厢交换机 X7 口松动接触不良，信号时有时无，车辆整改后解决问题。

④ G23 车 TC2VOBC 本端激活，命令 DOME1&2、VZC1&2、EBC1&2、VEBR、ACR1&2 输出，TC2 端 MD0（P5-G5）为低电位，MD1（P19-C5）为低电位；车辆已更换插针，并通过验证。

⑤ ×××站 CCTV 系统汇聚交换机掉线，无法连接至控制中心，现场检查接入传输

设备端口错误，经过通信专业整改恢复正常。

⑥ ××××排风排烟机 PF-PY-B401，BAS 界面监控风机，界面设备状态不对，风水电单位未完成单体调试；风机厂家及环控柜厂家处理后，风机运行反馈正常。

⑦ BAS 界面监控全自动防火阀，×阀门开关都不动作，初步判断阀门损坏，防火阀厂家维修之后，BAS 界面监控正常。

⑧ BAS 界面监视防火阀状态，现场操作阀门，阀门无关到位信号反馈；防火阀厂家维修之后，BAS 界面监视正常。

⑨ BAS 界面监控水泵显示水泵故障。水泵厂家处理后，BAS 界面监控正常。

⑩ ISCS 与 PIS 服务器 modbusTCP 协议通信故障，ISCS 一直发送 ModbusTCP 请求，PIS 服务器不回复；PIS 厂家开启通信软件后，通信恢复。

⑪ ××火车站 BAS 系统监控电动风阀，环控柜无法控制。环控柜厂家检查环控柜后问题解决，BAS 界面监控正常。

⑫ ×××站 PSD 滑动门、边门、应急门因站内设备进水导致部分门体 DCU 故障，无法传递滑动门门体状态信号，PSD 厂家更换部分 DCU 设备后，门体恢复正常。

(3) C 类问题主要集中在设备、安装方面。

1) 设备主要问题：

① ×××站牵引变压器温控器未喷漆，厂家已处理。

② ×××站 400V 开关柜 LK20、LK21 后柜无剩余电流传感器，厂家已处理。

③ ××××站 2 号变压器外壳带电指示灯有一个不亮，厂家已处理。

④ ××××站 1500V 开关柜 703 开关柜磁吹装置异常，厂家已处理。

⑤ ××××混合所 0.4kV 低压柜 Lk11 柜后柜中间锁孔处地线脱落，厂家已处理。

⑥ ×××混合所牵引变压器牵引变压器二次侧母排与支架距离过近，绝缘老化后易导致母排对支架放电，厂家已处理。

⑦ ××火车站门禁开关电源未固定、箱门上无配电图；门禁已固定，贴好配电图。

⑧ ×××站站厅 A 端专用通信设备室气灭温感被烧损，更换设备。

⑨ ×××站组合阀 DZ-715-B7，少零部件，已配齐。

⑩ ××火车站风阀 D-B401 执行器故障，厂家已处理。

2) 安装主要问题

① ×××站 35kV 开关柜 2 号出线柜 34 柜顶圆孔未封堵，已处理。

② ×××站 AC400VLk5-7 通信管理机网线未接，厂家接线排查。

③ ×××站交直流屏交直流空开标牌与实际不符，厂家已处理。

④ ×××站 35kV 开关柜 30 柜内避雷计数器预留线过长，厂家已处理。

⑤ ××车场混合所 0.4kV 低压柜 400V 设备 LK04-2 抽屉后柜出现端子接线不符合规范，底座损坏，厂家已处理。

⑥ ×××混合所 1500V 开关柜 1500V 断路器小车需清理遗留的螺丝螺帽、线鼻子，厂家已处理。

⑦ 接触轨紧固部件部分防松标记未做，已整改。

⑧ ×××站门禁全站小线槽缺少盖板，线盒缺少盖板（屏蔽门控制室、控制室），已补充安装。

⑨ ××××站门禁设备层 A 端桥架未封堵，且进入桥架保护管未接地；门禁已封堵并增加接地。

⑩ ×××站台气灭保护区设备房泄压口被装修架构、灯具桥架等挡住，阻挡物移位安装。

通过近一年的综合联调问题及消缺统计跟踪工作，笔者体会到这项工作非常重要，消除综合联调过程中发现的问题，对于保证综合联调工作正常、安全进行和试运营意义重大；同时，A、B、C 类问题的统计，也为后续线路建设在软件、设计、设备、安装、管理方面的改进，提供了数据依据。

（三）供电专业全面排查问题

供电部 2018 年×月组织施工单位对施工质量、影响运营的重点问题进行了一次全面自查和整改：

1. 交流电缆与直流电缆之间、直流正负极电缆之间，不得交叉紧贴敷设。
2. 电缆进出电缆夹层须分开敷设，做好防护，并进行防火封堵。
3. 电缆井内电缆高、低压电缆须分开敷设，并进行防火封堵。
4. 电缆固定不得直接使用扁铁。
5. 直流绝缘支架固定要美观，不能无序固定。
6. 电缆敷设须规范，不得污染，不得拖地敷设。电缆不能泡水、不能埋进混凝土内。
7. 电缆须有标识，电缆隧道口以及穿墙处须挂牌，中间接头电缆预留处须有挂牌标识。
8. 电缆拐弯须满足弯曲半径要求，区间电缆拐弯及穿管处须有保护措施。
9. 接触轨支架以及接触轨须做好螺栓紧固以及防松标记。
10. 变电所设备一次电缆螺栓须紧固及做好防松标记，二次线螺丝须做好紧固。
11. 变电所设备检查一次铜排和二次线缆不得有触碰。
12. 变电所须做好设备的一、二次电缆孔洞封堵。
13. 变电所设备须定期进行除尘、除湿工作。
14. 变电所已送电运行设备加强巡视，巡查房间渗漏情况、设备运行情况（是否有异响）以及设备各类报警信息等。
15. 直流设备的绝缘检查。
16. 变电所设备的保护定值检查。
17. 光纤差动回路检查，二次电流回路极性检查，光纤不得有断线及松动。
18. 二次端子排紧固情况，不得有松动。

（四）通信专业第三方检测

通信专业聘请了第三方检测公司对传输系统、光缆线路、区间电缆、电源及接地系统、专用无线通信系统、时钟系统、信息网络系统、专用电话系统、公务电话系统、广播系统、集中录音系统等进行了检测，测试问题汇总为"第三方测试问题库"，通信专业进行整改和消缺，提高了通信系统的可靠性。

（五）信号系统

信号系统联调中的 147 个问题，涉及土建、车辆、智慧地铁、信号系统软件、信号专业安装、通信、屏蔽门、供电、抽水等单位，在联调办公室统一协调下，问题都得到了圆满解决，为调试和运营创造了良好条件。

七、综合联调质量评估

通过联调，对××轨道交通×号线一期工程各设备系统间的接口功能进行了验证，其设备功能及联动响应功能满足《城市轨道交通试运营基本条件》GB/T 30013—2013、《城市轨道交通试运营前安全评价规范》AQ 8007—2013 及相关的技术合同要求。

（一）通过系统联调验证了各设备系统的功能完整性、系统可靠性

1. 车站机电设备综合联调测试实施

（1）综合监控与环控、FAS、PA、CCTV、PIS、PSD、感温光栅、智能疏散、门禁、时钟等其他系统接口联调，满足运营使用需求及技术合同要求。结论：合格。

（2）BAS 与变频风机、风阀、垂直电梯、电扶梯、FAS、EPS、冷水群控、智能照明、防淹门、全自动防火阀、屏蔽门灯带、人防门、水泵、区间照明、风机仪表箱、风机盘管、平衡阀、空调压差、区间水流指示器、传感器接口调试，满足运营使用需求及技术合同要求。结论：合格。

（3）IBP 与消火栓泵、排烟风机、ATS、ACS、AFC、PSD 联调，满足运营使用需求及技术合同要求。结论：合格。

（4）车站紧停按钮功能测试，满足运营使用需求及技术合同要求。结论：合格。

（5）车站火灾联动功能调试，满足运营使用需求及技术合同要求。结论：合格。

2. 区间机电设备联调

区间隧道通风、区间 DTS、FAS 手报、区间水泵、区间疏散指示调试，满足运营使用需求及技术合同要求。结论：合格。

3. 车站消防设备联动

消防联动—400V 切非、气灭报警联动、应急照明、火警触发、消防电话、消防广播、FAS 与消防泵、IBP 与消防泵、垂梯迫降、FAS 与 AFC、FAS 与 ACS、FAS 与防火卷帘、站台火灾联动、站厅火灾联动、设备区火灾（非气灭防护区）调试，通过了消防第三方检测，通过了××市消防局验收，满足运营使用需求及技术合同要求。结论：合格。

4. ISCS 中心设备联调测试实施

综合监控与信号测试、区间阻塞测试、区间火灾测试、车站设备控制权调试，满足运营使用需求及技术合同要求。结论：合格。

5. 供电系统、PSCADA 电力监控系统调试

（1）供电系统

×××轨道交通×号线一期工程采用 110kV/35kV 集中供电方式，一期工程除利用×号线×××主变电站供电外，在×××站附近新建主变电站一座。中压供电网络采用双环网络供电方案，牵引供电系统采用直流 1500V 供电，接触轨下部受电。

主变电所、牵引降压混合变电所、降压变电所、跟随式变电所、环网电缆、直流 1500V 接触轨系统、PSCADA 与电力监控系统所涉及的各类设备规格、型号符合设计要求。

供电系统各类设备的检测、试验、继电保护的计算、整定、校验工作已经完成，资料齐全，已完成接触轨冷、热滑试验，×××AC 110kV 主变电所与×××AC 110kV 主变

电所相互支援供电测试，AC 35kV 双电源切换（BZT）测试，AC 35kV 馈电线路带负荷过电流保护动作试验，AC 35kV 光纤差动保护装置测试，AC 400V 双电源切换（BZT）测试，牵引直流系统大双边供电测试，直流系统短路保护试验等。

供电系统投入运行已 1 年多，设备状态正常，系统运行稳定。

(2) PSCADA 电力监控系统

PSCAD 在完成车站底层设备接口调试、功能验证后，在 OCC 电调 PSCADA 工作站对主变及车站 110kV、35kV、1500V、400V 及其他功能进行中心级验证，监控软件的功能、界面满足设计要求，变电站的通信满足设计要求。

控制中心自动化系统完成对变电所的遥测、遥脉、遥信、遥控、设备管理等功能，满足运营使用需求及技术合同要求。结论：合格。

控制中心监控系统采用×××经生产的 DSC9000U 自动化系统，采用分层分布式结构 4 个部分：站级管理层、远程通信、网络通信层、间隔设备层，满足运营使用需求及技术合同要求。结论：合格。

主变电所、车站（区间）变电所、1500V 接触轨系统、PSCADA 与电力监控系统所涉及的各类设备规格、型号符合设计要求。

电力监控系统投入运行已 1 年左右，设备状态正常，系统运行稳定。

6. 通信关联设备联调测试实施

(1) 时钟接口调试：通信时钟与 ATS、ISCS、ACS、AFC、FAS、PIS、PSCADA 接口调试，时钟系统为各系统校时正确。

(2) 传输与 AFC、ACS、ATS、ISCS、自助图书馆接口调试，实现专业各车站、停车场、车辆段可走传输通道至控制中心。

(3) 无线与 ATS 接口调试，实现列车实时位置信息在控制中心可实时显示。无线与车辆接口调试，实现控制中心总调发布信息，实现车载广播功能；控制中心无线行车调度台可与车载台进行通信，车载台可呼叫车站固定台。

无线通信测试，列车 800M 覆盖测试，符合设计要求。

(4) 广播与 ATS、FAS、ISCS 接口调试，车站广播功能测试，OCC 对列车广播测试，满足运营使用需求及技术合同要求。结论：合格。

(5) CCTV 与垂直电梯接口测试，符合设计要求。

(6) 通信电源与信号、ISCS、AFC、ACS 接口调试，符合设计要求。

(7) 通信能力测试，符合设计要求。

(8) 调度电话功能测试，满足运营使用需求及技术合同要求。结论：合格。

(9) 公务电话功能测试，满足运营使用需求及技术合同要求。结论：合格。

(10) 车站站台发车端 CCTV 查看测试，满足运营使用需求及技术合同要求。结论：合格。

(11) PIS 系统与广播、通信集中告警系统、ATS、综合监控、PCC、车辆接口调试，符合设计要求。

7. 信号关联设备调试

信号与大屏、信号与屏蔽门、信号与车辆接口调试，满足运营使用需求及技术合同要求。结论：合格。

8. 行车类综合联调

（1）车辆设备系统功能验证联调

车辆采用 A 型车，初期 6 辆编组列车、四动二拖，远期 8 辆编组，六动二拖，车辆的电气与机械设备配置以及主要技术参数符合设计要求。

在制造厂内及×××轨道交通×号线一期工程现场，按照 IEC 61133 标准进行了相关的型式试验和车辆动力学及动应力试验、停车制动试验等，车辆性能和功能满足要求，并有符合要求的试验报告。

列车已安装了车载信号设备，车载无线通信设备工作正常，列车可以适应在 ATO 的自动驾驶模式。

车辆技术资料（包括技术规格、操作手册、维修手册及图纸等）齐全。

车辆维修用的备品备件，特殊工具和仪器仪表已备齐。

列车牵引极限能力测试、列车辅助电源蓄电池极限能力、牵引曲线测试、制动曲线测试；车辆超速保护功能测试、车门安全防护功能测试；车辆设备系统能力测试联调；车辆与行车设备系统联合调试符合设计要求，满足运营使用需求及技术合同要求。结论：合格。

（2）信号系统功能验证联调

1）信号系统轨旁调试、车载调试、LTE 调试和中心调试；车载调试包含列车静调、列车动调和列车功能性测试；LTE 调试包含 LTE 静调测试和 LTE 动态测试；中心测试包含控制中心内部测试和外部接口测试；列车最小间隔追踪、折返能力、出入段能力、抗干扰能力；列车运行安全防护、列车车站扣车和跳停、列车追踪运行防护功能测试；信号与车辆的综合联调以及通信系统与相关设备系统的综合联调，满足运营使用需求及技术合同要求。结论：合格。

2）信号综合联调联锁功能测试，满足运营使用需求及技术合同要求。结论：合格。

3）信号综合联调 CBTC 功能测试，满足运营使用需求及技术合同要求。结论：合格。

4）信号综合联调信号与屏蔽门测试，满足运营使用需求及技术合同要求。结论：合格。

5）信号综合联调信号系统最大运营能力测试，无线通信场强覆盖测试，满足运营使用需求及技术合同要求。结论：合格。

6）30 列车已获得安全证书。

（二）综合联调质量总评估意见

1. 经过对×××轨道交通×号线一期工程各系统、各专业接口联调，各项测试结果验证了与运行有关的线路、轨道、供电、信号、通信、综合监控等系统功能均基本满足车辆运行和设计要求，达到应有的功能，初步具备满足运营安全、可靠、可用要求的条件。

2. 通过系统联调验证了信号、通信、综合监控等系统与供电、电扶梯、屏蔽门、自动售检票、门禁、火灾报警系统、气体灭火、水消防、环控智能低压和风水电等各设备系统间的接口和通信协议的一致性，均符合相关规范和设计要求。

3. 通过系统联调验证了信号、通信、综合监控等系统与供电、电扶梯、屏蔽门、自动售检票、门禁、火灾报警系统、气体灭火、水消防、环控智能低压和风水电等各设备系统间的联动关系基本同步，均能达到设计要求。

4. 通过系统联调验证了信号、通信、综合监控等系统与供电、电扶梯、PSD、AFC、

ACS、FAS、气体灭火、水消防、环控智能和其他风水电等各设备系统联动功能和使用功能均可以满足设计要求。

5. 通过系统联调验证了信号、通信、综合监控、供电、电扶梯、PSD、AFC、ACS、FAS、气体灭火、水消防、环控智能和其他风水电等各设备系统结构、功能、操作方法等，均可以满足设计规定的运营管理模式要求。

6. 通过系统联调验证了各设备系统的可靠性、实时性、可维护性等性能指标，均可以满足设计要求。

7. 在综合联调过程中，由于涉及各专业、各部门协作，需要各调试单位紧密配合，服从指挥，遵守各项管理制度。各相关单位在关联系统间联合调试阶段做到了严格执行××地铁公司颁布的各种管理文件和规章制度，调试期间按照综合联调实施方案进行综合联调，行车和供电调度指令清晰、明确，在各工点同时进行交叉施工和调试的情况下，调试进度平稳有序，未发生任何人身和设备安全事故。

8. 通过系统联调验证了×××轨道交通×号线一期工程运营及服务设施、设备功能的完善性、联动协调性、模式联动可执行性，检测了×××轨道交通×号线一期工程设备状态，证实各系统设备基本具备了设备的单机功能、设备联动功能和各种工作模式的相应功能，符合设计要求；相关单位已经对发现的问题进行了整改并陆续完善。×××轨道交通×号线一期工程通过了××市市政工程质量监督站对供电、通信、信号、综合监控、门禁、屏蔽门等工程的验收；××市质量技术监督局对电梯、自动扶梯等单位的检测和验收；2018年×月通过××市消防局的消防验收。

综上所述：通过×××轨道交通×号线一期工程综合联调，检测、验证了机电系统、供电系统、综合监控、通信系统、信号系统、消防系统、车辆系统等的设备、设施已达到设计和规范的要求，满足运营使用需求及技术合同要求，具备了开展试运营的基本条件。

八、附件

附件1　×××轨道交通×号线一期工程综合联调方案。

附件2　×××××××交通自动化系统有限公司×××轨道交通×号线一期工程信号系统联调方案。

附件3　××股份有限公司×××轨道交通×号线一期工程综合监控联调大纲。

附件4　××××科技有限公司×××轨道交通×号线一期工程FAS系统联调大纲。

附件5　×××××科技股份有限公司××市轨道交通×号线一期工程专用通信调试大纲。

附件6　××××股份有限公司×××轨道交通×号线一期工程公安通信系统和乘客信息系统项目综合联调方案。

附件7　××××自动化股份有限公司×××轨道交通×号线一期工程PSCADA系统调试大纲。

附件8　××××××、××××局供电系统调试大纲。

附件9　×××监理有限公司×××轨道交通×号线一期工程综合联调监理实施细则。

附件10　×××××××交通自动化系统有限公司×××轨道交通×号线一期工程列车安全证书。

附件11　消防局×××轨道交通×号线一期工程消防验收证书。

附件12　×××轨道交通×号线一期工程人防工程竣工验收证书。

附件13　电扶梯特检所证书。

附件14　××××××××交通自动化系统有限公司×××轨道交通×号线一期工程信号系统联调记录。

附件15　××××××××交通自动化系统有限公司×××轨道交通×号线一期工程信号系统联调总结。

附件16　××××科技股份有限公司×××轨道交通×号线一期工程专用通信调试报告。

附件17　××××科技股份有限公司×××轨道交通×号线一期工程专用通信调试总结。

附件18　××××股份有限公司×××轨道交通×号线一期工程公安通信系统和乘客信息系统调试总结。

附件19　××股份有限公司×××轨道交通×号线一期工程综合监控调试记录。

附件20　××股份有限公司×××轨道交通×号线一期工程联调总结。

附件21　××××自动化股份有限公司×××轨道交通×号线一期工程PSCADA系统调试报告。

附件22　××××自动化股份有限公司×××轨道交通×号线一期工程PSCADA系统调试总结。

附件23　×××××、××××局接触轨冷、热滑试验报告。

附件24　×××××、××××局供电系统各类调试记录、报告。

附件25　动车联调周报。

附件26　×××轨道交通×号线一期工程综合联调会议纪要。

附件27　×××轨道交通×号线一期工程各专业综合联调问题及整改消缺情况统计表。

附件28　×××轨道交通×号线一期工程消防第三方检测报告。

附件29　×××轨道交通×号线一期工程专用通信系统第三方检测总结。

附件30　×××轨道交通×号线一期工程屏蔽门第三方绝缘检测报告。

第三节　地铁工程联合调试后续探讨

地铁工程联合调试是地铁建设工程的重要环节，是试运营和运营的安全保障。

地铁工程联合调试为我国地铁事业的高速发展做出了很大的贡献；为了更好地完善后续联合调试工作，还有一些情况需要进行探讨。

（一）联合调试规范、标准

据2018年底不完全统计，我国正在建设中的地铁线路有211条；近期上海、杭州、武汉又获批一些地铁建设项目，地铁建设高速发展，作为试运营前地铁安全、可靠性保障的联合调试展开与评判实现规范化、标准化非常迫切。

2019年2月1日，交通运输部办公厅发布《城市轨道交通初期运营前安全评估技术规范　第1部分：地铁和轻轨》（交办运［2019］17号），其中第三章系统功能核验、第四章系统联动测试，明确了系统功能核验和系统联动测试的项目、测试的目的、测试内容与方法、测试结果，是一部联合调试安全评估的重要规范文件。

地铁工程联合调试整体，如何从联合调试组织、测试科目设置、测试目的、测试内容与方法、测试结果评判与验收等进一步规范化、标准化，值得期待。

（二）试运行时间

试运行在联合调试完成、信号系统取得可空载运行安全证书的情况下进行，规范要求试运行时间不少于3个月。

线路空载试运行过程中，许多问题可以充分反映出来和研究解决对策进行处理，提高试运营的安全性和可靠性。一些线路都有年度开通运营任务，试运行3个月的时间保证非常重要。

（三）单机调试

联合调试是在各专业单机调试完成的基础上进行的。非行车类车站机电设备联调如综合监控等调试，往往进度较慢、协调工作量大。据统计，主要问题是机电设备单机调试不充分、不完整，甚至没有完成调试，如联调中出现风机反转、组合风阀连杆未装、风阀打不开、水泵未接线等问题。所以在联合调试前需要一些部门进行单机调试检查和验收，通过单机调试验收再进行联合调试，提高联合调试的效率和质量。

（四）动车调试区间条件

动车联调区间经常出现道床排水不畅、道岔转辙机及连杆处积水情况、遗留有施工垃圾等，给动车调试带来安全隐患，加强区间管理非常必要。

（五）人防门

2019年1月8日17时许，××轨道交通环线一区间，因人防门侵入限界发生故障。目前地铁区间人防门（含防淹门）一般都有定位监视装置，防淹门关闭信号联锁停车功能。

《城市轨道交通初期运营前安全评估技术规范 第1部分：地铁和轻轨》（交办运[2019] 17号）第三十条要求："轨行区人防门、防淹门、联络通道防火门宜具有环境与设备监控（BAS）对其运行状态和故障状态的监视报警功能、视频监视系统对其开闭状态的监视功能。"完善人防门（防淹门）视频监视、侵限报警、联锁停车功能，需有关方面研究和重视。

（六）站台门

站台门绝缘包括屏蔽门与土建结构绝缘性能、门体结构对地绝缘，绝缘电阻值设计要求大于0.5MΩ。由于环境变化，往往出现站台门门体结构对地绝缘不稳定的情况，如何从根本上解决这一问题，值得讨论。

（七）消防切非模块感应电压

部分车站在消防400V切非端子上存在对地感应电压（400V开关柜切非端子对地感应电压最高可达16~20V），造成部分回路设备掉线、回路卡烧坏，影响火灾工况切非功能。

400V开关柜如何达到切非接线端子（无源）感应电压小于5V，保证切非回路（模块）正常工作，值得讨论。

（八）轨电位电压偏高

地铁线路普遍存在钢轨对地电位过高的情况，使得轨电位限制装置动作频繁，容易引起地铁牵引供电系统保护设备误动，影响列车组正常运行。如何解决这一问题，需要各方探讨。

（九）直流柜绝缘

受潮湿环境影响和安装时的缺陷，DC1500V 牵引供电系统直流柜对地绝缘电阻容易出现小于设计要求（2MΩ）的情况，当绝缘值小于 0.5MΩ 时，在杂散电流作用下，存在直流设备框架对地报警甚至跳闸的安全隐患，直流柜的制造和安装需要重视这一问题。

（十）道岔失表

动车联调初期，经常出现道岔失表情况，其中道岔转辙机基坑积水严重，转辙机泡水锈蚀，造成电路短路，导致转辙机不能正常工作的情况比较常见，彻底解决这个问题十分必要。

（十一）手台单站集群模式

调试初期，往往出现手台单站集群模式，这是属于基站到中心链路故障，即基站到传输中间的网线、协议转换器、两兆线故障；或者传输主干光缆出现问题；或传输系统 2M 板卡或无线系统 2M 虚接故障等；需要通信专业重视。

（十二）无线场强不匀

动车联调经常出现车站站台附近的场强覆盖较弱，偶发性丢通信；区间里手台信号较差，时断时续；岔区无线信号覆盖薄弱；需要通信专业重视。

（十三）车地通信不稳定

岔前车地通信丢失，站站之间丢失通信，属于 LTE 基站时钟同步方式配置有问题，需要重视和可靠解决。

（十四）停车精度测试

列车停车精度要求在 ±0.3m 停车精度的范围内，动车调试中 VOBC 软件需根据收集的试运行数据不断进行精度调整，优化停站精准度，测试的性能要达到在 ±0.3m 范围内的正确率为 99.99%，满足系统设计的技术要求。

（十五）车辆电气故障

车辆控制电路比较复杂，动车联调中，车辆电气故障时有发生，需要不断技术进步，提高车辆控制电路的可靠性，减少车辆电气故障。

（十六）封堵

机柜内穿线孔封堵、强弱电井封堵、设备机房封堵，影响机柜、机房工作安全，并且火灾时还会出现串烟。消防验收、专家评审时经常提出这个整改问题，需要安装调试单位重视和处理。

（十七）安装需重视锚栓锚杆荷载试验

车站电缆桥架、区间电缆支架、过岔道电缆吊架都有锚栓锚杆吊承或固定，应该做好锚栓锚杆承受的荷载复核计算和拉拔试验，使其承受的荷载在设计和规范要求范围内，联调和运营中避免发生支吊架垮塌的情况。

（十八）加强区间列车意外事故乘客救援应急演练

区间列车发生意外事故时，乘客往往惊慌失措，需要地铁工作人员指导疏散和逃生，加强区间列车意外事故乘客救援应急演练非常重要。

（十九）重视联合调试 A、B、C 类问题及消缺数据统计

联合调试中 A、B、C 类问题及消缺数据统计，可真实反映工程中存在的问题，不仅是综合联调过程的体现，也是后续线路系统软件、设计、设备制造、安装施工等改进的重

要依据，A、B、C类问题及消缺大数据统计应引起各方高度重视。

（二十）全自动无人驾驶系统行车指挥和综合监控

目前，有的线路采用全自动无人驾驶列车系统，以行车指挥为核心，集成和互联ATS、ISCS、PSCADA、BAS、FAS、PIS、PA、CCTV等专业子系统，实践高度集成的智能调度，是一个新的探讨。

我国的地铁建设工程处于高速发展阶段，每年都有一些新的线路开通，做好地铁工程联合调试意义重大。让我们不断实践和总结经验，进一步做好地铁工程联合调试工作，为地铁建设事业做出贡献。

附录 主要名词术语英（缩略语）汉对照

[1] Automatic Train Control（ATC）列车自动控制
[2] Automatic Train Operation（ATO）列车自动运行
[3] Automatic Train Protection（ATP）列车自动防护
[4] Automatic Train Supervision（ATS）列车自动监控
[5] Automatic Fars Collection（AFC）自动售检票系统
[6] Access Control System（ACS）门禁系统
[7] Centralized Alarm System（ALM）集中报警系统
[8] Automatic Gate Machine（AGM）自动检票机
[9] Building Automatic System（BAS）环境与设备监控系统
[10] Communication Based Train Control System（CBTC）基于通信的列车控制系统
[11] Closed Circuit Television（CCTV）闭路电视监控系统
[12] Clock System（CLk）时钟系统
[13] Computer Based Interlocking（CBI）计算机联锁
[14] Data Communication System（DCS）数据通信系统
[15] Emergency Power Supply（EPS）紧急电源
[16] Automatic Fire Alarm System（FAS）火灾自动报警系统
[17] Front End Processor（FEP）前端处理器
[18] Integrated Supervisory and Control System（ISIC）综合监控系统
[19] Integrated Backup Panel（IBP）综合后备盘
[20] Long Term Evolution（LTE）长期演进技术（无线数据通信技术与标准）
[21] Operation Control Center（OCC）运营控制中心
[22] Public Address（PA）公共广播系统
[23] Passenger Information System（PIS）乘客信息系统
[24] Power Supervisory Control And Data Acquistion（PSCADA）电力监控系统
[25] Platform Screen Door System（PSD）站台门（屏蔽门）系统
[26] Restricted Manual（RM）限制人工驾驶模式
[27] Ticket Vending Machine（TVM）自动售票机
[28] Uninterruptible Power System（UPS）不间断电源
[29] Vehicle on Board Contrller（VOBC）车载控制器

参 考 文 献

[1] 北京城建设计研究总院有限责任公司. 地铁设计规范. GB 50157—2013. 北京. 中国标准出版社，2013.

[2] 交通运输部.《城市轨道交通初期运营前安全评估技术规范　第1部分：地铁和轻轨》（交办运〔2019〕17号），2019.

[3] 交通运输部科学研究院. 城市轨道交通试运营基本条件. GB/T 30013—2013. 北京. 中国标准出版社，2013.

[4] 交通运输部科学研究院. 城市轨道交通运营管理规范. GB/T 30012—2013. 北京. 中国标准出版社，2013.

[5] 中国安全生产科学研究院. 城市轨道交通试运营前安全评价规范. AQ 8007—2013. 北京. 煤炭工业出版社，2013.

[6] 沈卫平. 城市轨道交通综合联调组织与实践. 北京. 人民交通出版社，2016.

[7] 孙宁. 城市轨道交通系统总联调. 北京：中国铁道出版社，2011.

[8] 王澜. 城市轨道交通联调联试技术与工程应用. 北京. 中国铁道出版社，2013.

[9] 任泽春. 地铁通风空调工程施工与监理. 北京：中国建筑工业出版社，2010.

[10] 任泽春. 地铁火灾消防. 北京：中国建筑工业出版社，2011.